나의 아름다운 벗들에게

대륙횡단 트러커가 보내는 편지
나의 아름다운 벗들에게

초판 1쇄 인쇄   2023년 9월 10일
초판 1쇄 발행   2023년 9월 20일

신고번호   제313-2010-376호
등록번호   105-91-58839

지은이   이정규

발행처   보민출판사
발행인   김국환
기획   김선희
편집   이상문
디자인   김민정

ISBN   979-11-6957-080-0   03800

주소   경기도 파주시 해올로 11, 우미린더퍼스트@ 상가 2동 109호
전화   070-8615-7449
사이트   www.bominbook.com

• 가격은 뒤표지에 있으며, 파본은 구입하신 서점에서 교환해드립니다.
• 이 책은 저작권법에 의하여 보호를 받는 저작물이므로 무단 전재와 복사를 금합니다.

대륙횡단 트러커가 보내는 편지

나의 아름다운 벗들에게

이정규 지음

광활한 미 대륙 구석구석을
누비고 다니는 트러커로 생활하면서
인생의 축복은 건강과 행복임을 알게 되었다.

머리말

　예순 중반의 나이에 우연한 기회로 미국 영주권을 받게 되었습니다. 미국에 와서 보니 여기에서도 늦은 나이에 딱히 할 일이 많지는 않았습니다. 그래서 미 대륙을 횡단하는 트럭 운전면허를 취득하게 되었고 트럭 회사에 운전수로 취직하였습니다. 대륙횡단 운송일을 하다 보니 참으로 고달픈 나날이었습니다. 그러기를 5년여, 한국 방문 길에 건강검진을 하다 신장암이 발견되어 수술을 받게 되었습니다. 다행히 초기에 발견해서 큰 후유증 없이 지내게 되었지만, 힘들게 회사 트럭을 운전하는 것은 무리가 따를 것 같았습니다. 그렇게 트럭 한 대를 직접 장만하여 소위 '오너 오퍼레이터' 생활을 시작하였습니다.

　미 교통국의 규정에 따르면, 휴식 시간 포함 하루 14시간 이내의 운행을 하고 나면 10시간 이상의 휴식과 수면 시간을 가져야만 됩니다. 여기 소개하는 글은 그 휴식 시간에 운전하면서 느낀 소회를 두서없이 적어 몇몇 벗들에게 보냈던 것입니다. 트럭 안에서 틈틈이 긁적여 본 글들을 기록으로 남겨 보는 것도 괜찮겠다 싶어 이렇게 책으로 엮어 봅니다. 본래 벗들에게 보내는 글에는 제목이 없었으나 나름 제목도 붙이고 지명이나 통계 등 잘못된 내용은 수정도 하고 또 내용상 너무 일방적이거나 편향적인 부분은 새롭게 정리하였습니다. 벗들은 보냈던 글과 약간의 차이가 있는 부분에 대해서 양해해 주시기 바랍니다.

별로 특별할 것 없는 글이지만 내 지난 10년의 발자취라 생각하고 염치없는 행동 이해해 주십시오. 그리고 나와는 연이 없는 분들이 이 글을 읽으신다면 미국 대륙횡단 트러커의 생활이 이렇구나, 늦은 나이에 시작했으니 힘도 들고 어려운 가운데서도 용케 잘 견뎠구나 생각해 주십시오. 트럭 운전은 육체적으로 힘들고 고달프지만 시시각각 변화무쌍한 대자연을 마주하는 직업입니다. 지난 인생을 반추하고 앞으로 어떻게 살아야 할까 성찰할 수 있는 시간이 그 고단함을 상쇄시킵니다. 자연은 나름대로의 원칙에 순응하며 어떤 질서에 따른다는 것. 우리의 일상도 결국 그 질서 속에 있다는 것. 범사에 욕심 없이 순응하고 사는 것이 행복임을 대자연은 내게 깨우쳐 주었습니다. 광활한 미 대륙 구석구석을 누비고 다니는 트러커로 생활하면서 인생의 축복은 건강과 행복임을 알게 되었습니다.

- 마지막 운행의 트럭 안에서

저자 **이정규**

목차

머리말 • 4

01. 별 (1) • 10
02. 대륙의 계절 앞에서 • 11
03. 새벽 안개 속에서 미국을 생각하다 • 14
04. 신들의 정원 • 19
05. 목화밭에서 • 25
06. 인간을 위한, 인간에 의한 희생 • 29
07. 내일의 삶 • 33
08. 대륙의 봄을 달리다 • 37
09. 아메리카 원주민의 슬픔 • 40
10. 늙기 연습 • 46
11. 역마살 인생 • 49
12. 미국의 자연은 살아있다 • 55
13. 자연에 순응하는 삶 • 60

14. 곱창과 노예 해방 • 66

15. 대평원의 사계 • 70

16. 눈물 • 76

17. 충만한 봄의 정기 속에서 • 79

18. 한국을 다녀오다 • 83

19. 캔자스주 국도에서의 단상 • 87

20. 트러커의 특별한 호사 • 93

21. 토네이도 • 97

22. 마음으로 써 내려간 시 • 100

23. 생명의 기적을 찾는 지혜 • 104

24. 원주민의 눈물 • 107

25. 사랑은 세월 따라 더욱 진해지고 • 114

26. 모하비 사막과 원주민 • 120

27. 대자연이 준 선물 • 124

28. 망각의 윤회가 삶의 역사이다 • 128

29. 별 (2) • 132

30. 캘리포니아의 봄꽃 • 136

31. 나이 듦에 대한 단상 • 142

32. 가혹한 액땜 • 146

33. 결혼의 필요충분조건 • 151

34. 나의 아름다운 벗들에게 • 155

대륙횡단 트러커의 일상이 아무나 할 수 없는 삶이기에

어떤 밤에는 이렇게 단상을 기록하여

친구들에게 보낼 수도 있고

또 친구들이 좋은 글이라고 격려로 응답하면

계속 써야겠다는 용기도 생깁니다.

이렇게 나름 보람 있고 행복한 10년을 보낼 수 있음은

내게는 가장 큰 행운이 아닐 수 없습니다.

대륙횡단 트러커가 보내는 편지

나의 아름다운 벗들에게

01

별 (1)

　미국에는 정말 별이 많습니다. 내 어린 날 겨울밤이면 우리나라에도 참 별이 많았는데 지금은 다 사라졌습니다. 아마도 일부는 하늘 가까운 천문대 부근으로 이사를 갔고, 거의 대부분의 별들은 나처럼 미국으로 이민을 왔나 봅니다. 그래서 그런지 애리조나 사막에서 올려다보는 별들은 전혀 낯설지도 않고 무척 정겹고 반갑습니다.

　나는 오늘 밤도 은하수 푸른 강을 보면서 남은 여생에 대한 꿈을 꿉니다. 꿈을 잃으면 별도 볼 수 없을 것 같아 더욱 아름답고 행복한 여생을 위한 꿈을 꿉니다.

　더욱 건강하십시오.
　더욱 행복하십시오.

02
대륙의 계절 앞에서

켄터키에서 테네시, 앨리배마 등 미국의 중남동부에는 지금 봄이 만연합니다. 끝없이 펼쳐진 숲길 곳곳에 꽃매화가 만발하였고 어떤 화가도 그려낼 수 없는 생명의 연초록 잎새가 막 피어납니다. 내일이 있는 어린 새싹의 봄은 정말 경이롭습니다. 한국에 있어 볼 수 없는 손주 녀석들을 동영상으로 만날 때마다 나는 저 새봄의 푸르른 잎새에서 마주하는 경이로움을 느낍니다. 희망과 청춘이 기다리는 내일이 내 손주 놈의 것이라면, 이제 70의 봄을 맞이하는 나는 왠지 짠하고 쓸쓸하고 그리고 가끔은 눈물이 납니다. 돌아보면 회한과 후회가 많은 지난 삶이지만 또 어떤 때는 행복을 느끼며 산 적도 있었습니다. 그렇게 살아온 70년이 왜 또 그렇게 빨리 지나가 버렸는지 모르겠습니다.

생각해 보면 인생이란 그리 길지도 여유롭지도 못한 여정인 것 같습니다. 초등학교를 시골에서 다니면서 학교 뒷동산을 뛰어다니며 진달래꽃을 따먹던 것이 바로 엊그제 일 같은데 지금은 미국의 홍매화꽃을 보며 세월의 덧없음을 느낍니다. 코로나 바이러스가 팬데믹이 되어 예정되었던 한국행도 기약이 없는데 이제는 노인이라고 건강 조심하라는 안부 전화가 여기저기에서 옵니다.

오늘은 미시시피의 한 휴게소에 트럭을 세우고 트럭 지붕을 두드리는 봄비 소리를 들으며 살아온 세월을 다시 한번 되돌아봅니다. 나름 열심히 살았지만 남은 건 온몸에 허망하게 내려앉은 세월의 흔적뿐. '인생이란 식은 재에 오줌 갈기듯 먼지뿐'이라던 먼저 간 친구의 이야기가 다시 생각납니다. 90킬로그램에 육박하는 둔중한 몸으로 씩씩대며 지내던 나이 마흔 시절. 그때 운동만이 정답이라며 나를 헬스장으로 이끌었던 의사 친구가 암으로 세상을 등졌다는 소식에 우울해집니다. 나의 70년은 드라마처럼 파란만장한 것도 여느 장삼이사의 일상처럼 평범한 것도 아니었습니다. 60이 넘은 나이에 미국으로 이민 와서 20미터가 넘는 대형 트럭을 몰고 이 광활한 대륙의 구석구석을 누비는 현재의 삶이 굳이 평범한 것만은 아닐 테니까요.

봄이 가면 다시 여름이 오고, 화려한 가을 단풍이 쓸쓸한 겨울을 준비하고 나면 어김없이 다시 봄이 옵니다. 나는 지금 가을에 서 있을까요? 아님 막 겨울의 문턱을 넘고 있는 걸까요? 자연의 현상은 끊임없는 반복을 예고하지만 나에게는 다시는 봄이 오지 않는다는 사실. 그것은 축복일까요? 고통일까요? 때로는 내게 다시 청춘의 기회가 주어진다면 이렇게 저렇게 후회 없이 살겠다고 생각합니다. 그러다 차라리 내게 다시 봄이 오지 않는다는 것이 얼마나 다행스러운 일인가 생각하기도 합니다.

그렇습니다. 내 삶은 나의 섭리요 지난날에 대한 자부심도 회한도 오롯이 과거로 묻을 수밖에 없다는 것이 정말 다행이라고 생각합니다. 여기 이 자리, 오늘 하루가 행복하기를, 그리고 그 행복이 내 마음자리에 있음을 알게 된 것이 바로 축복이라고 생각합니다. 뉴멕시코의 변화무쌍한 사막을 지나고 텍사스의 광활한 지평선을 마주하고 달리다 보면 벌써 봄이 여름이 되고 다시 가을과 겨울이 옵니다. 살아있음이 고맙고 행복한 것임을, 이 광활한 대지를 바라보는 티끌 같은 내 존재가 그래도 참 소중한 것임을 이 봄에 다시 생각합니다.

더욱 건강하십시오.
더욱 행복하십시오.

03
새벽 안개 속에서
미국을 생각하다

플로리다에서 10번 고속도로를 타고 서쪽으로 갑니다. 이 길은 쭉 걸프만 해안을 따라가다 루이지애나 베이턴 루지(Bayton Rouge)에 이르면 미시시피강의 지류를 지납니다. 그리고 미시시피의 늪지대 위를 가로지르는 18마일의 다리를 만나게 됩니다. 사실 다리는 하나가 아닙니다. 때로는 지주를 물에다 세우고 때로는 물속에 세운 여러 개의 다리가 연결된 것입니다. 보기에는 상당히 엉성하지만 매년 걸프만으로 상륙하는 강력한 스톰에도 굳건히 견디는 걸 보면 꽤나 견고한 구조물입니다. 총 길이가 거의 30킬로미터에 이르는 이 다리를 지날 때 트럭은 55마일 그러니까 90km/h 정도의 제한속도가 있습니다. 또 2차선으로 운행하면서 추월도 금지되어 있기 때문에 앞에 속도 느린 트럭이라도 만나면 그냥 천천히 따라갈 수밖에 다른 도리가 없습니다. 그래서 지겹기도 하지만 한편 마음만 비우면 무척 여유로운 운전을 하면서 주위를 둘러볼 수 있습니다.

　3주 전인 6월의 이른 새벽, 나는 이 길을 지나면서 무척 경이로운 풍광과 마주하였습니다. 새벽 안개가 바다처럼 깔린 위로 신록의 숲들이 한 폭의 그림처럼 황홀하게 펼쳐져 있었습니다. 나는 자연이 연출한 그 풍경을 넋을 빼앗긴 채 즐겼습니다. 새벽 운전을 하면 늘 느끼는 것이지만 저녁의 어둠은 연극이 끝난 뒤 막이 닫히듯 갑자기 닥치지만 새벽은 한결 여유로운 시간을 가지면서 서서히 열립니다. 그동안 펼쳐지는 안개의 향연은 마치 한 편의 파노라마를 보는 듯 극적입니다. 바다처럼 누워있던 안개가 서서히 움직이면 사람의 손길로는 형상화가 불가능할 만큼 다양하고 거대한 그림들이 소용돌이칩니다. 안개는 절대로 그냥 도망치듯 물러나는 법이 없습니다. 두 번 다시 볼 수 없을 장관을 그리다가 아침 햇살이 비추기 시작하면 나무 기둥을 타고 올라갑니다. 신록의 잎새들을 어루만지다 내 사랑 지니가 호리병 속으로 사라지듯이 그렇게 서서히 안녕을 고합니다. 그리하여 아침이 오기까지 실로 짧지 않은 시간 동안 진한 감동과 긴 여운을 선물합니다.

　그렇게 아침이 찾아오면 다시 현실과 마주합니다. 날이 밝아온 미시시피의 늪에 널브러진 온갖 플라스틱이며 캔 쓰레기는 좀 전의 꿈을 깨어 버리는 미국의 현상입니다. 고속도로 어디에서나 쓰레기 투척에 수백 달러에서 때로는 천 달러가 넘는 벌금을 부과한다는 경고문을 볼 수 있습니다. 그럼에도 이 아름다운 풍경 속에 쓰레기를 던져 놓는 걸 보면 세계 제일의 강대국이라는 미국놈들의 수준이 이리도 낮구나 새삼 실감하게 됩니다.

40년 전 유학생 시절, 내 기억 속 미국은 선진국이었습니다. 그런데 지금 내가 살면서 느끼는 미국이란 나라는 참으로 미개한 나라입니다. 넓은 영토와 풍부한 자원, 다민족을 통제하기 위한 사회 시스템, 세계 제일의 기술과 두뇌 그리고 풍부한 자금이 초일류 국가를 지탱하는 힘일 것입니다. 그러나 그 속에 살아가는 많은 미국인들은 예의를 모르고 이기적이고, 도덕심 없고 때로는 지저분하기까지 합니다. 한국은 이미 철저한 분리수거가 자리 잡았지만 미국에서 분리수거를 하기는 거의 불가능합니다. 우선 교육을 시켜도 알아듣지 못하고, 그 혜택에 대하여 아무리 설명해도 소위 자유라는 미명 하에 아예 묵살해 버립니다. 그런데 플라스틱 사용량은 얼마나 많은지 세계 쓰레기의 절반은 미국과 중국에서 버린 것일 거라는 내 믿음은 나날이 확고해집니다. 한마디로 깜냥도 안 되면서 세계 최강국 국민이라는 자존심은 또 얼마나 센지 때로는 정말 한심하게 느껴지기까지 합니다. 미국이 더 이상 발전할 수 없는 이유는 바로 일반 국민들의 무지함에 있다고 나는 감히 말할 수 있습니다.

그러나 한편으로 미국의 공공 시스템은 과연 일류 국가란 이런 것이구나 할 만큼 탁월합니다. 미국의 물류 시스템은 전국에 산재해 있는 창고와 이 창고들을 거미줄처럼 연결하는 트럭의 운송력에 있습니다. 대개의 물류창고는 상업 중심 도시 부근의 작은 마을에 있고 이러한 창고들은 대개 그 지역의 은퇴한 노인들에 의해 운영됩니다. 우리가 도착하면 송장을 받아서 하역할 창고 위치를 지정해 주는 일을 하는 직원은 대개 아주 나이 많은 할머니들입니다. 시쳇말로 오늘 당장 돌아가서도 그냥 수를 다하셨다고 할 수 있는 할머니들도 많습니다. 할머니들은 컴퓨터는 전혀 할 줄 모르지만, 송장번호와 약속 시간을 치고 엔터키만 누르면 하역할 위치번호가 자동으로 뜨니까 그 번호만 알려주면 됩니다. 혹 송장번호 오류와 같은 문제가 생기면 할머니는 더 이상 아무것도 진행할 수 없습니다. 그땐 슈퍼바이저가 와야만 합니다. 한번은 내가 물건을 픽업하러 가는 길이 마침 퇴근 시간과 겹쳐 20분 늦게 창고에 도착했습니다. 할머니는 내가 올 것을 알고 있었고 물건도 준비되어 있었고 지게차 기사도 있었지만, 자신이 입력할 키 몇 개를 제외한 다른 어떤 것도 할 수 없었습니다. 시간 키 변경을 해줄 슈퍼바이저가 이미 퇴근을 해 버려서 나는 속절없이 뒷날 아침까지 기다려야만 했습니다. 이렇게 적은 임금으로 지역 노인들에게 일자리를 제공하는 시스템은 정말 부러운 미국 사회의 힘인 것 같습니다.

7년째 트럭을 몰면서 곳곳을 다니다 보니 미국의 저력과 문제들이 함께 보입니다. 인디언 전쟁에서 그리고 미국의 악랄한 탄압에 의해 죽은 원주민이 5천만에서 일억에 이른다는데 그렇게 차지한 이 땅에서 이렇게 무식한 인간들이 떵떵거리며 잘 사는 것을 보면 신은 절대로 공평하지 않다는 것을 느낍니다. 미국의 아름다운 경치에 대해 이야기하려다 이상한 방향으로 흘렀습니다. 그냥 생각나는 대로 지껄여본 것이니 편하게 생각해 주시면 좋겠습니다.

  더욱 건강하십시오.
  더욱 행복하십시오.

04
신들의 정원

감히 말하자면, 나는 미국의 구석구석을 다녀 봤습니다. 결론은 미국은 정말 광활하고 또 자연 풍광이 아름다운 천혜의 땅입니다. 어디를 가도 기막히게 아름다운 경치가 펼쳐지지만, 그중에서도 백미를 꼽으라면 나는 콜로라도 덴버시에서 유타의 15번 고속도로를 만나는 데까지 이어지는 70번 도로변 경치를 으뜸으로 생각합니다.

로키산맥 동쪽 기슭에 자리 잡은 덴버시는 콜로라도주의 수도인데 해발 1,600미터, 우리나라로 치면 소백산 꼭대기 즈음에 위치하고 있어 1마일 시티라고도 불립니다. '존 덴버'가 이 지역에 반해 예명까지 덴버로 바꾸고 머물렀다고도 합니다. 덴버에는 세계적으로 이름난 야외 음악당인 레드락 공연장이 있습니다. 거의 매일 공연이 열리는 아름다운 곳으로 공연장을 병풍처럼 둘러싸고 있는 붉은 바위가 최상의 음향을 선물한다는 음악당입니다. 나는 큰 트럭을 운전하기 때문에 아직 가보지 못했지만 한국으로 돌아가기 전 꼭 이곳에 와서 락 공연을 볼 것이라는 버킷 리스트를 준비하고 있습니다.

　덴버시는 그 자체도 매우 깨끗하고 한적한 도시지만 여기서 시작되는 로키산맥을 가로지르는 도로를 지나다 보면 그야말로 탄성이 절로 나오는 풍광이 펼쳐집니다. 워낙 업-다운이 심하다 보니 초보 드라이버나 3만 파운드 이상의 짐을 실었을 경우에는 이 길로 다니는 것을 추천하지 않습니다. 더욱이 9월 말부터 5월까지는 스노우 체인과 같은 월동 장비를 갖추지 않고는 다닐 수 없는 길입니다. 2년 전 9월 20일 즈음 이곳을 지나온 경험이 있는데 온 산이 온통 아스펜 나무숲의 노란 단풍으로 뒤덮여 있는 것이 울긋불긋한 설악산 단풍과는 또 다른 감동을 주었습니다.

　지난 두 달 동안 마침 시카고 근교에 두 번, 또 미네소타의 미네아폴리스에 한번 딜리버리할 화물을 운반할 기회가 있어 이 길을 연속으로 3번 왕복하였습니다. 남들은 많은 돈을 들여서 투어 해야만 하는 길을 나는 돈 벌면서 3번이나 왕복하는 행운을 만난 셈입니다. 덴버에서 서쪽으로 70번 고속도로를 타고 가다 보면 덴버시가 채 끝나기 전에 가파른 오르막이 시작되고 곧 아스펜과 소나무, 전나무가 우거진 숲속으로 올라가게 됩니다. 그렇게 한참을 가다 보면 정상 즈음이 되고 그러면 다시 마치 스키장의 슬로프를 지쳐 나아가듯 급경사의 구불구불한 내리막을 내달리게 됩니다. 이렇게 긴 오르막 내리막을 서너 차례 반복하는 가운데 길가에는 무수한 스키 리조트와 눈부시도록 푸르고 큰 호수, 결국은 콜로라도 강으로 연결되는 숱한 계곡과 말로 표현할 수 없이 아름다운 록키 마운틴의 웅장한 또는 아기자기한 산군들, 아스펜의 숲, 숲, 숲, 그리고 계곡을 따라 이어지는 환상적인 풍광의 골프장들을 마주합니다.

콜로라도의 길은 우리가 살아가는 인생과도 같이 깊고 오묘합니다. 누구에게는 아름답고 신비로우며, 누군가에게는 힘들고 괴로우며 또 누군가에게는 과거와 현재 그리고 미래를 반추해 볼 수 있는 깊은 사색의 시간을 주는 구도의 길입니다. 그 길을 따라 여러 곳의 휴양 도시가 개발되어 있는데 그중에서도 베일(Vail)이라는 도시는 그야말로 환상 그 자체입니다. 도시는 아기자기한 휴양 시설들로 가득 차 있는데 동쪽은 주로 휴양 시설, 서쪽은 스키 리조트를 비롯한 액티비티 위주의 시설로 구성되어 있습니다. 이 아름다운 도시에서, 이 아름다운 집에서 며칠간 푹 쉬면서 각종 즐길 거리를 경험한다면, 그리고 맛있는 미국식 정찬을 즐길 수 있다면 이곳이 바로 천국일 거라는 생각이 절로 듭니다. 그런데 나이가 자꾸 들어가니 그냥 꿈으로만 끝나는 건 아닌지 모르겠습니다. 이 베일이란 도시 부근에서 로키 마운틴 내셔널 파크로 들어가는 길이 나누어집니다. 이 길은 트럭으로는 갈 수가 없습니다. 40년 전 그 길을 따라 해발 4천 미터가 넘는 곳까지 올라가며 캐나다의 밴프나 재스퍼와는 또 다른 감동을 받았던 기억이 생생합니다. 이 길은 레드락 공연장과 함께 나의 버킷 리스트에 있습니다.

베일을 지나 조금 더 가면 이제 록키 마운틴의 숲과 봉우리는 멀어지고 그렌우드 캐니언의 전혀 새로운 풍광이 펼쳐집니다. 이곳은 양쪽으로 높은 산군이 이어지고, 결국 콜로라도 강과 연결되는 계곡은 래프팅의 메카입니다. 협곡은 그 폭이 아주 좁아서 계곡과 그 양쪽으로 이어지는 대륙횡단 철로와 70번 고속도로의 왕복 4차선, 그리고 계곡을 따라 이어지는 자전거 도로가 거의 전부입니다. 그렇게 좁고 아름다운 협곡을 따라가다 보면 잠시 땅이 넓어지는 듯한 곳에 Grenwood City가 있습니다. 이곳은 온천으로 유명한데 야외 온천풀장도 있고 수질이 좋기로는 미국에서도 몇 손가락 안에 들 정도라고 합니다. 이곳의 어느 호텔에서는 수제 맥주를 제조하여 카페를 운영한다고 하니 여기에서 온천도 하고 맥주도 마시고 또 낮에는 등산도 즐기면 더할 나위 없이 행복한 휴가가 될 것입니다.

이렇게 그렌우드 협곡을 지나면 그랜드 정션(Grand Junction)까지는 마치 그랜드 캐니언의 협곡을 트럭으로 달리는 듯한 풍광입니다. 이곳은 제법 강의 모습을 갖추어 가는 콜로라도 강이 유유히 흐르고 곳곳에서는 영화 〈흐르는 강물처럼〉의 한 장면 같은 낚시꾼들의 한가로운 모습을 만날 수 있습니다. 정말 웅장하고 아기자기하고, 아름답고 신비스러운 경치를 감상하면서 5시간 정도를 운전하고 나면, 70번 길은 유타주로 들어섭니다.

유타의 70번 도로에는 콜로라도와는 또 다른 스케일의 파노라마가 펼쳐집니다. 풀 한 포기, 나무 한 그루 없는 거대한 스케일의 바위산이 펼쳐지다가 때로는 사막형 키 작은 나무군이 붉은 산을 뒤덮고 있는 끝없는 사막이 펼쳐지기도 합니다. 육지 생성의 순서와는 상관없이 콜로라도의 숲과 산군들이 청년기요, 그렌우드와 그랜드 정션까지의 스케일이 장년기라면, 유타의 암군들은 노년기라고 말하고 싶습니다. 그렇게 유타의 풍광은 스스로 웅장하면서도 크게 뽐내거나 우쭐거리는 법 없이 달관인 듯 묵묵하고 자비로우며, 어른의 넉넉한 품과 같은 여유로움과 해탈의 품격을 지니고 있습니다.

 나는 이 길을 지나면서 내 지난 인생을 반추해 보곤 합니다. 휘몰아치는 광풍과도 같던 젊은 날을 지나고 스스로 욕심과 자신감으로 오만했던 사오십 대를 지나 이제는 인생이 그리 만만하지도 녹록하지도 않았다는 것을 알게 된 칠십의 노인이 되었습니다. 이 가슴 시리도록 아름다운 대륙을 휘젓고 다니면서 욕심도 번뇌도 없이 평정심을 지니고 사는 지금이 내 인생에서 가장 행복한 시간이라는 자각. 그 자각이 긴 시간 트럭을 몰아야 하는 피곤함을 상쇄시키는 동력입니다.
 제법 긴 글을 마무리하려는 순간 갑자기 내 젊은 날의 한 기억이 떠오릅니다. 법대에 가서 법관이 되기를 기대하셨던 아버지의 바람을 외면하고 문리대를 선택했던 나의 오만(나의 아버지는 당신의 뜻을 따라주기를 바라시기는 하시되 절대로 강요하지는 않으셨고 결국은 자식의 의사를 존중해 주시는 좋은 아버지셨습니다), 대학 생활 2년을 지나면서 나의 선택이 반드시 옳은 것만은 아니었다는 번민, 그리고 끝없는 데모로 얼룩지던 당시의 시대 상황으로 2년을 마치고 군대를 가야겠다는 결심을 하기까지 많은 고민. 입대를 하기 전 내 대학 생활 2년의 소회를 담아 '역사'라는 제목의 시를 썼고 이 시를 대학 신문에 기고하였습니다. 이것이 내가 입대한 후 신문에 실렸다는 소식을 논산 훈련소 막바지 무렵 친구의 편지로 알게 됐습니다. 그래서 그 친구에게 원고료는 찾아서 알아서 쓰라고 했더니 위임장을 보내달라 했었지요. 자대 배치를 받고 나서 위임장 보내주었고 그 친구는 반년이 지나서야 원고료 받아서 내가 없는 막걸리 파티를 하였다는 얘기를 전해 들었었습니다. 시의 전문은 잊은 지 오래고 마지막 구절만 기억이 납니다.

왜 강물은 흘러가는가?
어제의 강물은 오늘의 강물이 아니고
비가 오면 강물은 사나워진다.

내내 건강하십시오.
내내 행복하십시오.

(사족) 미국인들은 이 길을 '신들의 정원'이라고 부릅니다.

05

목화밭에서

　10월 하순이 되어버린 이맘때쯤 켄터키, 아칸소, 테네시, 루이지애나, 미시시피 등 소위 미국 남중동부의 시골 마을을 지나다 보면 목화밭의 수확이 끝났거나 아니면 한창 목화가 만개하여 있습니다. 눈 온 듯이 온통 새하얀 목화밭은 그 규모가 상상할 수 없을 정도로 크고 광범위합니다. 달빛이 고운 밤중에 운전을 하다 보면 소설 〈메밀꽃 필 무렵〉에서 묘사되는 '소금을 뿌려놓은 듯한 메밀밭'이 떠오릅니다. 메밀꽃은 작고 오밀조밀하여 그냥 눈밭이라면 목화밭은 그 광활한 폭과 넓이 때문에 훨씬 웅장한 풍경을 보여줍니다. 문득 이 넓은 목화밭의 수확을 위하여 흑인 노예사냥이 시작되었다는 생각이 스칩니다. 오늘날에도 끊이지 않는 미국의 흑백갈등이 저 설원처럼 광활한 목화밭을 마냥 한가롭게 바라볼 수만은 없는 우수를 줍니다.

　각설하고, 목화송이는 어떤 규칙을 가지고 피어난 것이 아니어서 어떻게 기계로 수확할 수 있는지 무척 궁금하였는데 마침 딜리버리할 물류창고가 수확하고 있는 목화밭 옆이라서 자세히 관찰할 수 있는 좋은 기회를 가졌습니다. 수확하는 기계는 거대한 트랙터입니다. 마치 우리가 옛날 시골에서 소나무 잎사귀를 긁어모을 때 쓰던 갈고리 같은 것을 엄청 크게 만들어 트랙터 전면에 설치하였습니다. 이것이 목화 밑동에서부터 목화나무 높이만큼 상하로 움직이게 되어 있어 트랙터가 전진하면 그 갈고리 위로 목화송이가 쌓이게 됩니다. 잠시 바라보고 있자니 기계 한 대가 올드 블랙 죠 백 명보다 더 확실하고 신속하게 목화송이를 따낼 것 같습니다. 이렇게 쌓인 목화송이는 기계 아래쪽을 통과해서 뒤쪽에 있는 직육면체 상자 모양의 압축기로 들어갑니다. 그렇게 압축을 하면 정확하게 대형 트럭에 실을 수 있는 사이즈의 직육면체 목화덩이로 완성됩니다. 이 광활한 목화밭에서 목화 추수를 보다가 문득 내 어린 시절의 한 풍경이 생각났습니다.

내 어린 시절은 6.25전쟁 직후라 농촌은 특히 찢어지게 가난하였습니다. 그때 어린아이였던 우리 모두는 호주머니에 장난감은 없을지라도, 황 부분만 잘라놓은 성냥 한두 개와 불 지필 마찰 종이는 꼭 가지고 다녔습니다. 그래야 미꾸라지를 잡아도, 개구리나 메뚜기를 잡아도, 또는 콩서리나 밀서리를 해도 구워 먹을 불을 지필 수 있으니까요. 이런 우리들에게 불이 없어도 그냥 먹을 수 있는 게 바로 목화 꽃봉오리였습니다. 목화송이가 피기 전의 어린 목화 꽃봉오리는 씹으면 달착지근한 즙이 입 안 가득 퍼지다가 마침내 목줄을 타고 넘어가는 아주 훌륭한 간식거리였습니다.

  그때 우리 동네의 목화밭은 오늘 보는 미국의 목화밭처럼 광대무변의 목화밭이 아니고 그저 한두 마지기(한 마지기는 200평입니다) 정도의 그야말로 손바닥만 한 것인데, 우리들은 그 달착지근한 유혹에 거의 매일을 목화밭 곁에서 놀았습니다. 그러다 주인이 나타나면 목화라는 게 숨을 곳이 없는 키 작은 것이다 보니 속절없이 붙잡히고 맙니다. 주인은 우리를 혼내주고는 마지막으로 꼭 덧붙이는 말이 '이놈들, 한 번만 더 따먹다 잡히면 씨앗씻기에다 불알을 까버린다'는 으름장이었습니다. '씨앗씻기'란 둥근 나무막대를 맞물리게 하여 돌리는 장치로 수확한 목화솜을 거기에 넣고 돌리면 솜에 들어있던 목화씨가 분리되어 나옵니다. 전기를 연결하여 자동화된 것도 아니고 어머니들이 물레 돌리듯 돌려서 씨앗을 분리해 내는 것이죠. 주인한테 붙잡혀 혼쭐이 나고 나면 다시는 목화밭 옆에 얼씬거리지 않는 것이 도리겠지만 우리는 다음날도 아니 어떤 때는 야단맞은 지 채 얼마 지나지 않아서도 다시 목화밭으로 숨어들었습니다. 주인아저씨는 절대로 우리의 불알을 씨앗씻기에 넣지 못할 거라는 확신 때문일까요? 아닙니다. 그 달콤한 맛의 유혹을 뿌리치지 못하는 굶주림과 불과 며칠만 지나면 다시 일 년을 기다려야만 맛볼 수 있다는, 그래서 남은 시간 동안 실컷 그 오묘한 맛을 즐기겠다는 욕망이 우리들을 목화밭에 붙들어 매는 이유였을 겁니다.

'블랙 죠 할아버지는 목화 꽃봉오리를 참 많이 따먹을 수 있었겠구나' 하는 허황된 생각을 잠시 하면서 나는 미국의 목화밭 언저리에 서서 가난했던 유년 시절을 떠올려 봅니다. 입가에 잔잔한 미소가 번지는, 배는 고팠지만 그래도 아련한 그리움의 한 페이지입니다.

내내 건강하십시오.
내내 행복하십시오.

06

인간을 위한, 인간에 의한 희생

몇 년 전 읽었던 유발 하라리의 〈사피엔스〉라는 책에 다음과 같은 내용이 있었던 것이 생각납니다. 이 세상의 모든 생명체는 동물이든 식물이든 본질적으로 종족 보존의 욕망을 가지고 있어 그 번식을 위하여 피나는 사투를 벌이는 경우를 흔히 볼 수 있습니다. 그러나 인간의 주식으로 선택된 '밀'이라는 곡식은 그 종족 보존을 위한 어떠한 노력을 하지 않아도 더욱 우수한 품종으로 개량되면서 번식되는 품종이 되었습니다. 인간은 밀의 무한한 번식을 위하여 숲을 파괴하여 밭을 만들고 척박한 땅에 영양분을 공급합니다. 그리고 밀의 번식에 가장 적합한 때를 계산하여 씨를 뿌리고 관리하고 또 수확합니다. 밀의 번식을 위한 인간의 눈물겨운 노력으로 밀은 대대손손 번영을 누립니다. 이러한 경우는 밀뿐만이 아니라 콩이나 옥수수, 감자 등에도 동일하게 적용됩니다.

소에 대한 이야기를 하기 위하여 이렇게 뜬금없는 이야기부터 시작하게 되었습니다. 겨울이 시작되는 지금부터 새해 2~3월까지 목장이 많은 텍사스, 오클라호마, 켄터키, 캔자스, 미주리 등의 도로를 지나다 보면 목장주의 집이나 건초창고 옆 양지바른 곳에 우리나라로 치자면 잘 만들어진 개집 같은 것이 때로는 수십 개씩, 때로는 백 개도 넘게 줄지어 놓여있는 것을 볼 수 있습니다. 나는 처음에 그것이 무엇인지 참 궁금하였는데 자주 보다 보니 그것이 갓 낳은 송아지를 추위에서 보호하기 위한 소위 말해 '송아지 인큐베이터'라는 것을 알게 되었습니다. 인구보다 소의 사육 두수가 더 많다는 미국에서 같은 날 인공수정을 하여 거의 같은 시기에 새끼를 낳으면 비슷한 시기에 출하를 할 수 있어 목장주로서는 대단히 효과적인 매니지먼트라는 것입니다. 그리하여 4월의 따뜻한 봄날이 되면 수십 마리, 때로는 수백 마리의 어미소가 자기랑 똑같이 생긴 자식과 짝을 지어 한가로이 초원을 다닙니다. 함께 풀을 뜯다가 새끼가 귀여워서 핥아주고 하는 모습을 보면 그 지극정성의 모성이 참으로 아름답고 때로는 눈물겹기까지 합니다.

소는 절대로 그 종족 보존을 위하여 피나는 노력을 하는 법이 없습니다. 그냥 인간들이 그들의 번식을 위하여 끊임없이 연구하고 노력하여 우량 품종의 소가 번식할 수 있는 최상의 목장을 가꿉니다. 최고의 육질을 자랑한다는 '블랙앵거스'라는 검은 소는 대개 21개월이 되면 도축을 합니다. 태어나서 1년 전후에 새끼를 갖고 그 새끼를 낳고 나면 벌써 20개월 가까이 된다고 하니 새끼와 함께 초원에서 행복한 날들은 그야말로 잠시일 뿐, 곧 새끼와 이별하고 도축장으로 가게 되는 것이 어미소의 슬픈 운명이라고 합니다. 종족 보존의 노력을 하지 않아도 되는 대신 20년 가까이 되는 자기 수명의 채 10분의 1밖에 살지 못하고 인간을 위하여 죽어야 한다는 안타까운 현실이 저 초원의 아름다운 풍경을 그저 아름답게만 바라볼 수 없게 하는 페이소스입니다.

인간을 위하여 사육되는 소의 운명도 관점에 따라 참으로 안타까운 일이지만 인간에 의하여 무참히 죽어가는, 소위 로드킬에 희생되는 야생동물들도 그 주검을 자주 목격하는 나로서는 무척 안타깝습니다. 겨울이 되어 깊은 숲에 깊은 눈이 쌓이게 되면 노루, 사슴과 같은 초식동물에게는 먹잇감이 없습니다. 눈은 깨끗이 치워지고 오롯이 풀들만 잘 가꾸어진 도로변은 겨울 동안 먹이를 구할 수 있는 최상의 장소입니다. 그러나 그곳은 온갖 자동차와 트럭이 지나다니는 공포의 장소이며 따라서 자칫 잘못하여 로드킬을 당하는 동물들이 흔하게 목격됩니다. 다행히 직접 그러한 비교적 큰 동물을 들이받는 사고를 낸 적은 없지만 나도 운전을 하면서 하마터면 그들을 칠 뻔한 아찔한 순간들이 자주 있었습니다. 아무튼 그런 사체를 마주하게 되면 슬프고 안타까운 마음으로 다음 생은 부디 편하고 행복하게 살 수 있는 생명으로 태어나기를 기도합니다.

그런데 내가 나를 생각해도 참으로 한심하고 사려 깊지 못하다고 생각되는 일이 있습니다. 운전을 하다 보면 내 트럭에 부딪혀 죽는 그 수많은 날벌레에 대하여는 전혀 슬픈 감정을 갖지 않는다는 것입니다. 특히 여름날 플로리다 쪽으로 운전하다 보면 한 시간여 정도에 한 번씩 유리창을 닦지 않으면 운전을 할 수 없을 정도로 날벌레들이 많이 부딪힙니다. 그 많은 주검에 대하여는 슬픔 따위는 전혀 느끼지 않고 오직 여러 번 유리창을 닦아야 하는 귀찮음만을 생각합니다. 생명에 대한 나의 이중적 잣대를 어떻게 해석해야 하는지 알 수가 없습니다. 이러한 사고에 대하여 깊게 생각하다 보면 또 새로운 번민으로 여러 날을 고민하여야 할 것 같아서 그냥 이러한 현상과 그것을 바라보는 내 느낌만을 얘기하는 것으로 이 글을 마무리하고 싶습니다.

부디 건강하십시오.
부디 행복하십시오.

(사족) 인구 대비 소의 사육 두수가 가장 많은 나라는 아르헨티나라고 합니다.

07

내일의 삶

    LA 부근에서 짐을 싣고 동쪽으로 출발을 하면 목적지에 따라 조금씩 차이가 있긴 하지만 대개 10번, 20번, 40번, 70번, 또는 80번 고속도로를 따라 짧게는 3일, 길게는 5일 정도를 하루 10시간 내지 11시간씩 운전하게 됩니다. 이 운전의 시간은 오롯이 내게 주어지는 사색의 시간입니다. 이렇게 목적지에 도착하여 하역을 하고 LA로 오는 화물을 실으면 다시 3일에서 5일 정도 사색의 시간이 주어집니다. 때로는 쓸모없는 허튼 망상에 사로잡히기도 하지만 때로는 지난 내 70년의 인생을 되돌아보고 또 앞으로 남은 길지 않은 시간을 어떻게 보내야 하는가를 생각하게 됩니다. 이런 나날들이 모여서 이제 8년째 대륙횡단을 하고 있습니다. 앞으로 얼마나 더 건강이 허락해 줄지 모르지만, 그리 길지 않은 시간이 지나면 운전을 그만두고 한국으로 돌아갈 것이라 계획하고 있습니다. 생각해 보면 지난 7년간 이 20미터가 넘는 긴 트럭으로 운행한 거리가 족히 120만 마일, 그러니까 거의 200만

킬로미터는 되는 것 같습니다. 서울과 부산을 왕복하는 거리를 850킬로미터로 봤을 때 대략 2,350회 왕복한 셈입니다. 내가 생각해도 정말 어마어마한 거리를 달리고 또 달렸습니다. 그리고 앞으로도 2~3년은 이 일을 계속할 것이니 적어도 경부 3,000번은 오고 갈 만큼 트럭을 몰아야 할 것 같습니다.

아직은 건강하고 또 아직은 충분히 남들만큼 운전할 수 있다고 자신하지만 이제 나이가 많다고 회사도 또 동료들도 함께 일하는 것을 조금은 부담스러워하는 것 같습니다. 그래서 이번에 트럭을 한 대 장만하여 혼자서 운전하고 다니고 있습니다. 내 트럭을 운전하니 스케줄을 마음대로 조정할 수 있는 편안함은 있습니다. 그러나 운전 말고는 트럭에 관하여 아무것도 모르는 기계치이다 보니 남들보다 수리비를 더 많이 들여야 하는 점, 매달 지불하는 트럭 및 트레일러에 대한 할부금, 그리고 보험료 등등 늘어난 지출을 생각하면 마음 편히 쉴 수 없는 고달픔이 동반하니 회사 생활과 견주어 일장일단이 있습니다. 처음 시작할 땐 나 스스로도 과연 이 긴 트럭을 운전할 수 있을까 걱정도 되었지만 이제는 트럭 운전이 승용차 운전보다 오히려 편하게 느껴집니다. 세상일이란 게 모든 것이 길들여지기 마련인 것 같습니다.

어떤 친구는 노후를 보내기에는 모든 면에서 미국이 더 나은데 왜 한국으로 돌아가려 하냐고 합니다. 또 어떤 친구는 막상 한국에 돌아가야 할 때가 되면 틀림없이 마음이 바뀔 거라고 장담

합니다. 그렇지만 나는 때가 되면 한국으로 돌아가야 한다고 생각하고 있습니다. 우선 나는 미국에 온 이후 단 한 번도 여기가 정착하여 살 곳이라고 생각해 본 적이 없습니다. 이 사회에서 나는 늘 이방인일 뿐입니다. 그리고 내 아들딸, 손주들이 모두 내 나라 한국에서 살고 있으며 이 아이들도 미국은 여행 가는 곳이지 살고 싶은 곳은 아니라고, 빨리 한국으로 돌아오라고 채근합니다. 한 가지 더 덧붙이자면 어쨌거나 나는 한국에서 많은 혜택을 받으며 살았는데 조국을 위해 봉사한 일을 굳이 따져보자면 군 생활 3년밖에 없습니다. 칠십이 넘은 나이지만 남은 생은 무언가 조국을 위해 봉사하며 살고 싶습니다. 이 넓은 미국 대륙을 휘젓고 다닌 연유로 한국에 돌아가서도 아마 서울에서 살기는 힘들 것 같습니다. 그렇다고 특별히 고향이라 내세울 곳도 없습니다. 선친께서 교육 공무원으로 하 많이 전근을 다니시다 보니 나도 초등학교를 다섯 군데나 옮겨 다녔습니다. 고향은 내 선친의 고향일 뿐이며 2대 독자셨던 선친의 고향에는 아는 친척도 없습니다. 어디 마음 맞는 시골에 정착하여 무엇이든 마을을 위하여 봉사할 수 있는 일을 하다가 더 늙어 누군가의 도움을 받아야 할 때는 어디 마땅한 요양 시설에서 여생을 보내겠다는 것이 지금의 계획입니다.

요즈음은 한국으로 돌아가서 무엇을 할 것인지 집사람과 자주 이야기합니다. 계획한 대로 2~3년 후 돌아간다면, 집사람은 아들이 아들 손주를 셋이나 낳았으니 늙은 힘이라도 보태자고 합니다. 나는 그것은 늙어서 골병드는 일이니 제발 생각을 바꾸라고 얘기합니다. 다문화 가정이 많은 시골에 정착하여 집사람은 전공을 살려 아이들을 돌봐주는 공부방을 운영하고, 나는 외국에서 온 어머니들과 기관에 동행해 그곳에서 겪는 어려움을 해결해주면 어떻겠냐고 제안하여 집사람의 동의를 받아놓았습니다. 더하여 집안일, 농사일에 평생을 바쳐온 할머니들을 위한 행복교실이라도 개설하여 새로운 즐거움을 드리는 일도 계획하고 있습니다. 물론 이 모든 일은 자원봉사로 실천하여 여생의 보람이 되게 할 것입니다. 이렇게 살다 보면 간혹 친구들도 그곳에 들리게 되겠지요. 친구들에게도 지난날의 자기 경력에 맞춰 할머니들에게 웃음과 행복을 줄 수 있는 이야깃거리 하나씩 준비해오라고 부탁하려 합니다. 그렇게 되면 더욱 풍성한 행복교실을 운영할 수 있겠지요. 꼭 그리 되도록 준비하고 실천하려 합니다.

미국에서의 트럭 운전에 관한 이야기, 한국에 돌아갔을 때 내가 하고 싶은 일 등 내 신변에 관한 이야기만 주저리주저리 읊고 말았습니다. 나는 한국으로 꼭 돌아간다. 그리고 나는 이런 일을 할 것이라는 계획을 한 번 더 새기는 계기를 만들고자 이런 이야기를 하면서 다시 한번 마음을 다잡습니다. 내 여생이 생각대로 진행되도록 용기를 주십시오.

내내 건강하십시오.
내내 행복하십시오.

08

대륙의 봄을 달리다

나는 테네시의 40번 고속도로를 운전하는 것을 참 좋아합니다. 특히 내슈빌을 지나 녹스빌까지 가는 숲속의 언덕길은 강원도 산골길을 달리는 느낌과 흡사하며, 스모키 마운틴 초입의 게르틴버거에서 산길을 굽이 돌아 노스캐롤라이나로 넘어가는 도로는 설악산 한계령을 넘어가는 풍광과 매우 닮았습니다. 이 애팔래치아산맥을 굽이 도는 숲속길에 이제 봄이 만연합니다. 고속도로변에 끝도 없이 이어지는 나무들에도 새잎이 제법 많이 자랐습니다. 너무도 생기 충만한 나무들이 끝도 없이 이어져 오히려 약간 지겨워질 법할 때가 되면 몇 그루 홍매화가 살짝 화룡점정으로 황홀한 아름다움을 선물합니다. 한국의 봄산에는 연분홍 산벚꽃과 진달래꽃이 연초록 나무숲에 액센트를 주는 데 반해 이곳에는 벚꽃도 진달래꽃도 없습니다. 그래도 길섶으로 이어지는 홍매화의 보랏빛 향기가 또 다른 조화로움으로 상쾌함을 줍니다. 더욱이 코발트빛 투명한 하늘과 솜털처럼 폭신한 흰 구름은 한국에서는 볼 수 없는 이곳만의 절경입니다. 자연의 오묘함에 새삼 감탄하다 보면 온종일의 트럭 운전도 지루할 틈이 없습니다.

싱그러운 나무숲 너머에는 끝 간 데 없이 지평선까지 구릉지가 펼쳐지고 거기에는 연초록 알팔파가 심어져 있습니다. 문득 내 어린 날 살던 고장 보리밭의 향수를 불러일으킵니다. 알팔파는 콩과의 다년생 식물로 소나 말의 먹이 중 가장 영양가가 높습니다. 가을이 되면 건초를 만들어 농부들에게 큰 수익을 주는 작물입니다. 이 알팔파는 콩과 식물이니까 엄연히 보리와는 다른 작물인데 운전하는 차창 옆으로 펼쳐지는 알팔파 목초지는 그냥 이맘때 한국의 보리밭을 빼닮았습니다. 알팔파 어린 싹은 영양이 풍부하여 한국 사람들은 된장국이나 전, 또는 샐러드로 즐긴다는데 나는 아직 한 번도 먹어 보진 못했습니다. 전에는 한국 슈퍼마켓에서 판매하기도 했다는데 가축용 풀을 사람이 먹는 것을 금지한 탓인지 요즘에는 통 볼 수가 없습니다. 미국의 이 광활한 목초지에서 수확하는 알팔파 건초는 세계 각국으로 수출되는데 한국의 낙농가에서도 이 건초를 많이 수입하여 소의 사료로 쓴다고 합니다.

따지고 보면 미국의 광활한 풍광이 한국의 어느 풍경과도 닮았을 리 없고 이곳의 재배 방식은 한국과 판이합니다. 그럼에도 나는 모든 것을 바라보면서 내 기억 속, 내 어린 시절의 한국과 비교하는 습관을 가졌습니다. 이제 미국에 산 지 8년이 되었는데 어쩔 수 없는 향수가 무얼 보든 내 나라를 기억하게 만드는가 봅니다. 다른 친구들은 모처럼 가본 서울이 너무 복잡하고 정신없어 여기가 훨씬 편하다고 하는데 나는 왜 그런 생각은 들지 않는지, 나는 천상 한국에서 살아야 할 놈이 괜히 미국에 와서 이방인으로 지내는 것이 불편할 뿐입니다.

사람마다 다 살아가는 푼수가 있기 마련이라는 생각을 하게 됩니다. 미국 생활 8년이 마치 몇 십 년처럼 길게 느껴지고 빨리 한국으로 가야 된다는 조급함이 나의 일상이지만 나는 아직 3년은 더 견뎌야 한다는 현실이 입대한 날부터 제대 날짜를 헤아리던 군대 생활처럼 느껴집니다. 그래도 운전하면서 대하는 대자연의 찬란함이 나의 조급함을 달래주는 청량제가 됩니다. 트럭 기사를 선택한 미국에서의 결정이 여러모로 내게 큰 위안이 됩니다.

내내 건강하십시오.
내내 행복하십시오.

09
아메리카 원주민의 슬픔

    40번 프리웨이의 애리조나와 뉴멕시코주 경계 부근에는 인디언 기념품 가게들이 몇 군데 있습니다. 가게들은 쇠락한 인디언들의 역사를 말해주듯 그다지 규모가 크거나 깨끗하게 정돈이 되어 있지 못하여 나는 그런 가게를 지나칠 때마다 막연히 서글픈 마음이 듭니다. 가게의 상호는 그저 '인디언 시티'나 '인디언 센터', 또는 '나바호 랜드' 따위인데 그중 하나 '제로니모'라는 가게가 유독 내 마음에 슬픔과 함께 분노의 감정을 불러일으킵니다. 제로니모가 누구입니까? 비록 그 말년은 비참했으되 용맹함과 뛰어난 전략 전술로 미국의 정예 기병대를 괴롭히던 불세출의 아파치족 추장이 바로 제로니모입니다. 그는 지형지물을 이용하여 기병대와의 전투에서 승리했으며, 포위망을 뚫고 탈출하는 데도 늘 성공하여 기병대에서조차 영웅으로 칭송하던 이었습니다. 미 기병대가 포위망을 좁히면서 항복을 권유하자 저항하다가는 종족을 모두 죽음으로 내몰 것이라는 판단에 결국 스스로 투항하였습니다. 마침내는 감시 속에서 이리저리 끌려다니는 자신의 신세를 한탄하여 술과 마약으로 살다가 쓸쓸한 죽음을 맞이한 인디언 최고의 추장이었습니다. 이러한 그의 이름이 그 후손들에 의해 초라한 상점의 상호로 쓰이고 있는 현실에 나는 가슴이 아픕니다.

자료에 의하면 콜럼버스가 아메리카 대륙에 상륙할 당시 여기저기 흩어져 살던 인디언의 인구는 약 오천만에서 1억 명에 달하였다고 합니다. 그러나 이후 2차 대전의 암호병으로 활약했던 나바호 인디언을 제외한 모든 인디언들이 거의 전멸하다시피 죽임을 당하였으니 미국의 역사는 잔인한 피의 역사임이 틀림없습니다. 그나마 살아남은 인디언들은 농사도 목축도 사냥도 할 수 없는 척박한 땅으로 밀려납니다. 인디언 보호구역을 지정하여 그곳에서만 살게 하며 정부의 보조금으로 겨우 생명만 유지토록 하였으니, 그렇게 그들은 그저 희망 없는 삶을 영위하다 소멸되어 갔습니다. 미국의 서부 개척이 샌프란시스코까지 이르러 거의 마무리될 즈음, 프랭클린 피어스 대통령은 지금의 시애틀 지역에 남아있던 마지막 인디언 부족인 수콰미시족 추장 '세인트'(오늘 시애틀이란 지명은 이 추장의 이름에서 유래되었습니다)에게 땅을 팔라고 강권합니다. 그러자 그가 부족과 미 관리들 앞에서 행한 연설은 인디언의 자연관과 인생관을 보여줍니다. 동시에 오늘날 미국의 민주주의와 사회제도에 큰 영향을 준 인디언 정신의 진수라고도 할 수 있겠습니다. 세인트 추장은 이렇게 웅변합니다.

"대추장 각하, 지금 우리에게 살고 있는 이 땅을 팔라는 것입니까? 하지만 이 땅은 우리만의 것이 아닙니다. 우주 자연의 것입니다. 종달새를 비롯한 많은 새들이 이 땅을 같이 쓰고 있고, 토끼, 노루, 사슴도 이 땅을 같이 사용하고 있기 때문에 우리 마음대로 팔 수가 없습니다. 더욱 우리 아버지, 어머니의 심장이 여기에 묻혔으니 어떻게 팔 수가 있겠습니까? 물론 당신들은 억지를 써서 이 땅을 구입할 것입니다. 그리고 이곳을 개발하여 구역을 나누고 새로운 사람들에게 팔아 살도록 하겠지요. 하지만 그 위를 나르는 날렵한 매들은 어떻게 가둘 수 있으며, 종달새의 아름다운 노랫소리를 차단시킬 방법이 있습니까? 또 이 땅을 지나가는 바람을 막을 수 있으십니까? 이 땅은 사고팔 수 있는 인간의 소유물이 아닙니다. 대우주 자연의 것입니다. 당신들이 이 땅을 개발한다는 것은 소나무의 잎을 먹고 사는 송충이와 다를 바가 없습니다. 솔잎을 다 뜯어먹고 나면 더 뜯어 먹을 잎이 없는 송충이가 가장 먼저 죽습니다. 이처럼 자연을 먹고 사는 수단으로 개발하면 당신들이 가장 먼저 불행해질 것입니다. 이제 우리는 떠납니다. 아니면 당신들이 총칼을 들고 몰려올 것이고, 그렇게 되면 우리 어버이의 심장이 묻힌 이 대지가 피로 물들 것이기에 그냥 떠나려 합니다. 대추장 각하, 제발 자연을 자연대로 두어 주시기 바랍니다."

- 혜국스님 <자연과 나는 둘이 아니다> 중에서

역사는 가정법이 존재할 수 없는 엄연한 사실의 기록입니다. 그러나 나는 여기에서 잠시 가정법으로 역사를 한번 비틀어 보려 합니다. 유럽에 대항해의 시대가 열리지 않았다면, 그리하여 콜럼버스가 이 광활한 대륙을 발견하지 않았다면, 그래서 이곳이 인도라고 믿고 여기 사는 사람들을 인디언이라 부르지 않았다면, 그리고 황금을 쫓는 서부 개척이라는 미명 아래 그 많은 원주민들을 학살하지 않았다면 이 광활한 대륙은 지금 어떤 모습일까요? 오늘날 미국인들이 인디언이라 부르는 이 땅의 주인들은 지금 어떤 모습으로 살고 있을까요? 운전을 하고 다니다 보면 인디언 푸드 레스토랑을 자주 보는데 이곳이 미 대륙 원주민들 음식을 파는 곳인지 인도 음식을 파는 곳인지 많이 헷갈립니다. 이런 무례한 억지를 저질러 놓은 미국인들이 일말의 반성이라도 하는 꼴을 나는 본 적이 없습니다.

이야기가 잠시 곁가지로 흘렀습니다. 만약 이 대륙이 서구의 침략 없이 그대로 원주민들의 터전으로 유지되었다면, 지금 이 땅에는 아파치 공화국, 나바호 공화국, 또는 수콰미시 공화국과 같은 나라가 번성했을 것입니다. 아니면 원주민 연합국을 만들고 각 종족별로 지역 정부를 두는 큰 나라가 이 땅의 주인이 되어 있을지도 모릅니다. 마치 한반도의 원주민이 대한민국을 건국한 것처럼 말입니다. 이 대륙은 이미 250년 전에 인구가 1억 명에 육박하였으니, 현재의 미국보다 훨씬 많은 국민이 살고 있는 나라일 것입니다. 이 나라는 굳이 사회주의나 민주주의 같은 이념

노선이 아닌 자연주의나 인본주의의 정신으로 무장한 가장 이상적인 이념을 공유하는, 전 세계가 부러워하는 가치 중심의 국가일 것이라고 확신합니다. 이 광활한 자연과 자원을 이용은 하되 결코 과도한 욕심으로 파괴하는 일은 없고 세인트 추장의 자연관과 철학이 국민 개개인의 정신을 더욱 풍요롭게 하는, 지금의 우리로서는 상상할 수 없는 유토피아가 이 땅에 구현되어 있을 것이라고 나는 확신합니다. 이 땅에 그들의 이상적인 국가가 건립되고 자연주의 정신을 바탕으로 한 철학이 세계를 아우르는 이상으로 자리 잡았다면 1, 2차 세계대전도 공산주의와 민주주의라는 이념 대립도, 그리고 황금만능의 이 피폐한 시대적 문제도, 지구 온난화의 환경 문제도 애초에 일어나지 않았을 것이라 나는 감히 생각해 봅니다. 그리고 그 중심에는 도도히 흐르는 시대정신을 계승, 발전시키는 여기 이 땅의 나라가 자리하고 있을 것이라는 상상을 해봅니다. 인간은 절대로 어느 것도 지배할 수 없으며, 무엇으로부터도 지배당하지 않는 존재라는 것, 그래서 더욱 자연에 순응하며 자연과 함께 어우러져야 한다는 것이 원주민들이 살아가는 방식이고 철학이었을 것입니다. 원주민들의 이러한 정신은 이 거대한 자연과 더불어 살아온 역사 속에서 자연스럽게 체득되었을 것입니다.

윤심덕은 '끝없는 광야를 달리는 인생이 무엇을 찾으려 하는가' 하고 노래했습니다. 어차피 한세상 흘러갈 뿐이니 돈도 명예도 사랑도 다 싫다고 하였습니다. 윤심덕은 염세주의적이고 허무한 스스로의 삶에 겨워 현해탄 물길 속으로 자신을 내던졌습니다. 대륙횡단 트러커로 이 끝없는 광야를 달리다 보면 윤심덕은 참 아둔한 여자였다는 생각이 듭니다. 무엇을 찾으려는 것이 아닌, 이 거대하고 아름다운 자연 앞에 나는 얼마나 작고 또 작은 존재인가 하는 자각으로, 욕심내지 않고 현재의 내 삶에 스스로 만족하게 되는 '안분지족'의 자세는 노력하지 않아도 그냥 가다 듬어집니다. 내 인생의 노년이 이렇게 풍요로워지고 겸손해지게 해준 대륙횡단 트러커란 직업이 한없이 은혜로운 것임을 오늘 온몸으로 느낍니다. 참으로 고맙고 아름다운 나날을 살게 되어 더욱 감사한 오늘입니다.

내내 건강하십시오.
내내 행복하십시오.

10
늙기 연습

어금니의 바로 바깥쪽에 있는 치아를 위아래로 두 개씩 뽑고 거기에다 부분 틀니 두 개를 만들어 고정하였습니다. 나는 건치는커녕 치아가 굉장히 좋지 못합니다. 그래서 여러 차례 임플란트도 하고 크라운도 씌워서 지금은 본래 치아는 몇 개 남아있지 않습니다. 임플란트나 크라운 치료를 할 때는 내 양치 습관이 나빠서 관리를 영 잘못했다고만 생각했는데 부분 틀니를 하고 나니 갑자기 늙어버린 듯합니다. 나도 이제 속절없이 노인이구나 하는 생각에 서글퍼지기도 합니다. 언젠가 한겨울에 들렀던 강원도 인제 삼봉 약수터 부근의 눈 덮인 자작나무 숲에서 느꼈던 춥고 쓸쓸했던 기억이 지금의 내 마음일까요? 싸늘한 겨울 삭풍이 내 가슴에 휑하게 휘몰아칩니다.

그래도 마음을 가다듬고 틀니에 익숙해지려고 연한 음식부터 시작하여 씹어 봅니다. 그야말로 맨 처음 해보는 '노인 되기 학습'이라 생각하며 씹어 보지만 입 안에 전혀 다른 이물질이 들어앉은 듯 영 어색하고 불편합니다. 그래도 어쩌겠습니까? 하루속히 숙달될 수 있도록 연습, 또 연습을 해야겠지요. 인간이 워낙 간사해서 조금 연습하면 금세 적응될 것이라 위안하고 있습니다. 틀니가 속절없이 스스로 노인네일 수밖에 없는 현실을 확인시켜 줍니다.

우리가 태어나서 엄마 젖을 먹을 때부터 학교를 졸업하고 사회생활을 시작할 때까지가 그야말로 인간으로서 이 세상을 살아갈 방법을 연습하는 적응 기간일 것입니다. 이 기간 동안의 훈련과 연습이 각자의 철학과 인생관, 또 어떻게 살아갈 것인가 하는 인간의 가치와 방향을 결정해 줍니다. 지금 틀니로 씹는 연습을 하면서 나는 잘 늙어 가는 법, 그리하여 인생을 잘 끝마치는 법에 대해서도 준비와 교육이 필요함을 절실히 느낍니다. 가능한 한 건강을 유지하기 위한 습생과 운동에 관한 교육, 이웃과 슬기롭게 교류할 수 있는 기술에 관한 교육, 종교가 다른 친구들과 조화롭게 잘 지내는 방법, 죽기 전에 꼭 해야 할 일들에 대한 정리, 가족과의 이별에 대한 자세, 결국은 찾아오고야 말 병마를 맞이하는 법 등 생각해 보면 배워야 할 것들이 하 많은데 그러한 교육에 대해서는 너무 무심히 지나친 것 같고 또 어디서 어떻게 배워야 할지도 잘 모르겠습니다. 어쩌면 우리에겐 인생을 시작하기 위한 공부보다 인생을 내려놓기 위한 공부가 더 중요한 것인지도 모르겠습니다.

오늘, 틀니로 잘 씹는 법을 연습하다 갑자기 우리에겐 인생을 잘 마무리하기 위한 연습과 공부가 꼭 필요한 것이 아닌가 생각해 봅니다. 아직 전혀 준비가 되어 있지도 않는데 늙음은 뜀박질로 내게 다가오니 참 막연하고 정리되지 못한 기분, 굉장히 중요한 숙제를 하지 않은 채 등교하는 어깨가 더욱 움츠러듭니다. 이 허망한 세월, 이 속절없는 세월을 객관화하는 지혜가 필요합니다.

내내 건강하십시오.
내내 행복하십시오.

11
역마살 인생

나는 젊은 시절부터 해외를 다니는 일이 비교적 많았습니다. 내 사업을 꾸리다 보니 시간을 내기가 용이하였고 또 원래 방랑벽이 있는 편이라서 여기저기 돌아다니는 것을 좋아하였습니다. 미국에서 공부하던 시절에도 방학이 되면 동서 횡단이나 남북 종단을 즐겨 하였고 이것이 이민 와서도 주저 없이 트럭 운전을 택할 수 있게 한 동기이기도 합니다.

젊은 시절 여행을 할 때에도 유적지나 유명한 건축물, 박물관 등을 찾는 것보다는 자연 경관이 빼어난 곳을 좋아하였고 또 도시에 들를 때는 뒷골목 선술집을 찾곤 했습니다. 여행의 진면목은 그저 감동만 밀려드는 신비한 자연이나, 그 속에서 불가사의라고밖에 설명할 수 없는 생명의 신비를 확인하는 일, 그리고 세계 곳곳에서 순박하고 다정한 사람들의 살아가는 일상을 느껴보는 일에 있다고 나는 믿습니다.

터키의 성 소피아 대성당에 가보는 것보다 호수처럼 잔잔하면서도 투명한 에게해가 좋습니다. 아폴로 신전을 방문하는 것보다는 아기자기하고 하얀 석회암이 켜켜이 쌓여 새파란 하늘과 환상적인 조화를 이루는 파묵칼레의 오묘한 경치가 더 좋았습니다. 만리장성이나 자금성보다는 황산 서해 대협곡의 운무에 쌓인, 마치 살아있는 동양화 같은 풍경이 훨씬 더 가슴 벅찬 감동을 주었습니다. 안나푸르나 트래킹이나, 알래스카의 만년설은 아직도 생각만 해도 가슴이 설렙니다. 30여 년 전 막 개발이 시작되던 멕시코 칸쿤에 갔을 때도 치첸이트사의 피라미드를 방문하여 그 웅장한 신전을 본 것보다 에메랄드빛 바다와 잔잔한 내해에서 수상스키를 탔던 것이 훨씬 깊은 인상을 남겼습니다. 경복궁보다는 북한산이, 불국사보다는 경주 들녘의 익어가던 벼와 만개한 국화꽃이 더 깊은 여운을 줍니다.

자연은 천지를 창조하신 조물주의 작품인 데 반해 세기의 유명한 조형물은 모두 인간의 작품입니다. 그것도 신권이나 절대적인 통치권 앞에 속절없이 희생된 민초들의 피와 땀과 눈물, 그리고 그 생명을 바쳐 이룩한 건조물들입니다. 힘겨운 노동에 시달리다 죽어간 이들을 생각하면 그냥 가슴만 아플 뿐, 그 예술적 가치나 규모의 웅장함에 탄성을 지를 수 있는 여유가 내게는 없습니다. 아무리 아름다운 예술적 구조물도 당대 선량했던 백성들의 희생 위에 세워진 결과물일 뿐이라 생각하면 그 건축물 앞에서 탄성을 지르고 서 있을 자신이 없습니다. 그래서 나는 주 볼

거리가 교회와 사원, 그리스 로마의 신과 지배자를 추앙하는 상징물들인 유럽 여행을 썩 즐겨 하는 편이 아닙니다.

    차라리 트럭을 몰고 엘에이를 출발하면 어느 방향으로 향하든 만나게 되는 모하비 사막이 내게는 그 무엇보다 더 큰 감동을 줍니다. 이 모하비 사막은 수만 년 전에는 바닷속이었는데 그 해저가 솟아올라 지금의 사막이 되었다고 합니다. 옛날 바다였던 증거는 무수히 많은데 그중 하나, 지금도 이 사막에는 몸집이 큰 바다거북이 살고 있습니다. 바다거북은 수만 년의 세월 동안 사막에 적합한 세포 조직으로 진화하면서 이 열사의 한가운데에서 종족을 보존해 왔다고 합니다. 어떤 인간이 만든 구조물도 이 엄청난 기적을 능가하는 감동을 줄 수는 없을 것입니다. 내 눈으로 직접 바다거북을 보지는 못했지만 이 사막 어딘가에 서식하고 있을 거북의 사진을 보는 것만으로도 나는 생명에 대한 경외감을 느끼지 않을 수 없습니다. 바다거북이 사는 이 모하비 사막이 그 옛날 바다였듯이 또 수만 년이 지나면 사막은 다시 바다가 될지 아무도 모르는 일입니다. 만약 이 땅이 다시 바다가 된다면 그때 이 열사의 뭍으로 여행 왔던 바다거북은 늘 바다에서만 살아온 친구 거북에게 어떤 이야기를 들려줄까요? 그때 그들이 만났던 인간이란 동물에 대해 어떻게 이야기할까요? 그리고 그때 인간은 거북처럼 바닷속에서 살아갈 수 있도록 진화하여 생명을 유지할까요? 신비한 자연의 세계를 여행하다 보면 이 무지렁이 인간의 가

숨속에도 무한한 상상력이 나래를 펼칩니다.

　또 다른 에피소드를 이야기하자면, 이탈리아 로마에서 트레비 분수를 구경하고 있을 때였습니다. 어떤 말쑥하게 차려입은 녀석이 내게 다가와 자기는 스위스에서 출장 온 비즈니스맨인데 혼자라면 이 로마의 밤을 위해 함께 술 한 잔 하자고 제의해 왔습니다. 나는 이탈리아에는 이런 류의 사기꾼이 많다는 이야기를 익히 들어왔지만 그가 안내하는 술집으로 함께 갔습니다. 그리고 '나는 네가 무슨 짓을 하려는지 알고 있다. 그러니까 내가 오늘 저녁에 이 정도 금액을 쓸 테니까 그 범위에서 이탈리아의 술집에서 즐길 수 있는 술과 요리를 챙겨줄 수 있겠느냐'고 물었습니다. 그 녀석은 아주 유쾌하게 웃으며 자기가 사기 치는 걸 알면서도 피하지 않고 모른 체 따라와 이런 역제안을 하는 동양인은 처음이라면서 흔쾌히 동의하였습니다. 그 술집에서 저녁 만찬을 즐기고 있을 때 또 다른 두 테이블에 손님이 왔습니다. 나처럼 흥정을 잘했는지 아니면 상당히 바가지를 쓸 것인지 나는 알 수 없습니다. 하여간에 그 두 테이블에 있던 녀석 둘이 내게 와서 인사를 건네고 술도 따르고 참 유쾌한 시간을 보냈습니다. 아마 나의 파트너 녀석이 사정을 얘기한 것 같고 그 두 녀석도 내가 아주 신기했던 모양입니다. 나는 얼떨결에 그들과도 어울렸고 도리 없이 그들에게 사기당할 손님들에게는 사정을 알리지도 못하는, 속절없는 공범자가 되고 말았습니다. 그날 이탈리아 미녀와 함께 술과 음식을 잘 대접받았고 그는 그 술집의 승용차로 내가 묵는 호텔까지 나를 바래다주었습니다. 비록 사기꾼이었지만 자기의 속내를 들키고 난 후엔 무척 친절하고 순진했던 녀석과 함께한 시간이 즐거웠습니다. 이렇게 자연과 생명의 신비나 민초들의 순박함을 경험할 수 있는 것이 여행의 참 재미라고 믿습니다.

트럭을 운전하며 미국의 방방곡곡을 다니다 보면 비록 웅장한 스케일의 국립공원에 가보지는 못하지만 대평원이나 끝이 없는 숲길, 사막과 암벽의 협곡들을 지나게 됩니다. 그러다 보면 대자연 형성에 대한 불가사의를 몸으로 느낍니다. 눈앞에서 모래바람을 일으키는 작은 움직임도 계절에 따라 시시각각 변하는 자연의 경치도 그냥 예사로운 것이 아님을 알 수 있습니다. 세상의 모든 것이 그냥 아무렇게나 이루어진 것은 없고 보이지 않는 거대한 손에 의하여 예정된 것임을 체득합니다. 그리고 그곳에서 하루하루를 살아가는 사람들, 짐승들, 심지어 숲속의 풀벌레까지 그리고 숲을 어루만지며 지나가는 바람과 푸른 하늘의 흰 뭉게구름까지도 그저 거기에 있는 것이 아닌, 일찍부터 예정된 순서에 의하여 여기 이 자리에 이렇게 있는 것이라는 생각이 듭니다. 나는 왜 지금 여기서 운전을 하고 있는지, 그리고 나는 어디서 와서 어떻게 살다 어디로 가는 것인지에 대한 끝없는 질문과 대답이 운전의 지루함을 달래줍니다.

내내 건강하십시오.

내내 행복하십시오.

12
미국의 자연은 살아있다

대륙횡단 트러커라는 직업은 하루에 열두 시간 정도를 운전석에 앉아 있어야만 하는 일입니다. 그러다 보니 제일 큰 문제는 하체가 부실해진다는 것입니다. 나이가 들수록 많이 걸어서 하체의 근력을 유지해야 한다는데 그럴 여유가 없다는 것이 큰 부담입니다. 그래서 나는 시간만 나면 많이 걷겠다고 작심하고 일부러 운전 중간 휴식 시간이나 운전 시작 전 또는 운전 끝마쳤을 때, 하루 한 시간 이상은 꼭 걷겠다는 계획을 세워 이를 실천하려고 노력합니다. 그렇게 노력해 봐도 매일 할 수는 없고 그저 일주일 운행에서 세 번 이상 걸을 수 있다면 무척 양호한 성적입니다. 중부나 동부 쪽 가스 스테이션에 트럭을 세우고 마을길을 걸으면 대개 1~2백 미터, 때로는 1킬로미터 너머에 한두 채씩 집이 있거나 목장입니다. 대부분 차도 거의 다니지 않는 울창한 숲길인 경우가 많습니다. 워낙 인적이 드물다 보니 때로는 왈칵 무서움이 밀려올 때도 있습니다.

이렇게 산책을 하다 보면 야생이든 아님 사육이든 동물들을 자주 만나게 되는데 나는 그중에서 개가 제일 못된 놈이라 생각합니다. 숲에서 나와 어슬렁거리던 코요테란 놈은 내가 다가가면 살짝 꼬리를 말아 올리는 듯하며 경계하다가 자기를 해칠 생각이 전혀 없음을 확인하고는 다시 꼬리를 축 늘어뜨리고 숲으로 천천히 들어갑니다. 한참 나뭇잎을 뜯어먹던 사슴들은 내가 가는 인기척을 느끼고는 잠시 별빛 같은 눈망울을 내게로 주다가 다시 먹이를 뜯는 데 열중합니다. 목장에서 한참 풀을 뜯던 소는 사람이 그리웠든지 한 녀석이 가까이 다가오면 모두가 다 일렬로 서서 목책 안에서 나를 따라옵니다. 그러다 목책에 막혀 더 이상 따라올 수 없게 되면 그 자리에 우두커니 서서 하염없이 내 뒷모습을 바라봅니다. 그런데 이 개란 녀석들은 간혹 지나가는 자동차에는 아무 반응이 없다가도 내가 지나가면 미친 듯이 짖어 대면서 금세라도 나를 물어뜯을 기세로 날뜁니다. 만약 목줄이나 철책이 없다면 안전하게 그곳을 지나올 수 없을 만큼 짖어 댑니다. 대개 조그만 몸집의 개들은 묶어놓지를 않는데 이 녀석들은 엄머구리처럼 짖어 대면서 내 뒤를 따라옵니다. 그러다가 내가 뒤돌아서서 위협하는 듯한 몸짓을 하면 또 걸음아 나 살려라 하고 뒤로 내빼는데 이런 행동이 두세 차례는 반복됩니다. 개들의 아우성만 없으면 산책은 정말 건강에도 좋고 정신적으로도 풍요로워지는 좋은 습관입니다. 이렇게 한 시간쯤을 걷고 돌아와 샤워를 하는 날은 운전이 한결 상쾌하고 기분도 좋아집니다. 미국의 풍요로운 숲길이 나의 건강 지킴이입니다.

요즘은 미국에서도 환경 파괴나 자연 훼손이 자주 이슈가 되곤 하지만 그래도 미국의 자연은 아직까지 무척 건강합니다. 나의 산책길에서는 만날 수 없지만 곰이나 표범과의 아메리칸 라이언까지 숲속에는 다양한 동물들이 그들끼리의 먹이사슬을 유지하면서 잘 살아가고 있습니다. 그런데 여기 미국에서도 원전 유해성이나 재생에너지, 또는 태양광이나 풍력발전 등이 자연 생태계에 미치는 영향에 대한 갑론을박이 매우 활발한 것 같습니다. 그러나 분명한 것은 여기도 환경론을 앞세운 원전 반대 세력들이 그들의 이익을 위하여 터무니없는 주장을 하며 오히려 자연을 훼손하고 있다는 점입니다. 미국은 공식적 그리고 합법적으로 로비스트들이 관련 단체들의 이익을 위하여 정부나 관계 기관에 로비를 합니다. 이 나라는 소수의 엘리트 계층이 전체 사회 제도의 방향에 대한 의사 결정을 독점하고 있어 로비스트들의 영향력이 매우 크다고 하겠습니다. 태양광이나 풍력발전에 관한 사업권을 거의 전부 석유산업 관련 기업들이 독점하고 있기 때문에 이들은 원전에 관한 폐해만 강조하면 어느 분야에서든 막대한 이익을 챙길 수 있는, 말하자면 꽃놀이패를 쥐고 있는 사람들입니다. 운전을 하고 다니다 보면 태양광이나 풍력발전 시설들은 대부분 캘리포니아나 텍사스 등 유전이 많은 주들에 집중되어 있다는 사실을 알 수 있습니다. 다시 말하면 유전이 없는 주에는 이러한 발전

설비가 거의 없습니다. 이렇게 조금만 관심을 가지고 보면 업자들의 로비 결과가 확연하게 보입니다. 15번 고속도로를 타고 로스앤젤레스에서 라스베이거스로 가다 보면 캘리포니아와 네바다의 경계 지점에는 거대한 태양광 패널 단지가 있습니다. 이글거리는 열사의 태양 아래 설치된 것이라 밤이 되면 낮 시간에 모은 열기가 집열판 주위로 붉고 푸른 섬광을 뻗칠 정도로 강렬한데 이래도 발전 수익성은 투자 대비 그렇게 높지 않다고 합니다. 더욱이 패널 주위에는 사막 식물들도 성장하기 어렵고 도마뱀 등 열대 동물들도 살지 않는다니 그 자체가 환경 파괴의 주범입니다. 풍력발전도 마찬가지입니다. 멀리서 보면 돌아가는 바람개비가 한 폭의 수채화처럼 아름답지만 윙윙거리는 소음 때문에 새들이 찾지 않고 또 그 주변에서 방목되는 소들의 성장도 확연히 늦음을 알 수 있다고 합니다. 그러면서도 불과 몇 백 명 정도가 사는 농촌의 전기 수요를 감당하기에도 턱없이 부족하다고 합니다.

　미국의 이 광활한 자연, 풍부한 햇볕과 바람의 아래서도 이럴진대 여기보다 모든 조건이 열악한 한국에서 원전을 없애고 태양열이나 풍력으로 대체한다는 것은 정말 어불성설이라고 생각합니다. 그런데 이미 그러한 조치가 많이 실행되어 이제는 되돌리는 데도 막대한 예산이 들어가야 한다고 하니 도대체 이 일을 어찌해야 하는지 판단이 서지 않으면서 그저 욕설만 나옵니다. 이익 편향적 정책 결정이 이 거대한 자연에도 악영향을 미치고 있거늘, 작은 땅에서 애써 이루어 놓은 좋은 생태계가 탈원전-대체에너지 정책으로 많이 파괴되고 있다니 멀리 앉아서도 쌍욕만 내뱉게 됩니다. 괜히 나의 운동에 관한 이야기를 하다 전혀 엉뚱한 곳으로 화제를 돌리는 바람에 스트레스만 쌓이게 한 것 같아 미안합니다.

내내 건강하십시오.
내내 행복하십시오.

13

자연에 순응하는 삶

　운전을 하면서 마주하는 미국의 대자연은 너무도 거대하고 또 웅장하여 그저 감탄만 하면서 지나는 나날입니다. 8년째 보는 같은 풍경은 늘 그대로인 듯합니다. 하지만 좀 더 들여다보면 인간에 의해 파괴된 곳도 많고 산업 시설물을 설치하기 전 그 모습 그대로 두었으면 더 좋았을 걸 하는 생각이 드는 곳도 꽤 많습니다. 이 넓은 미국의 자연도 이렇게 인간의 탐욕으로 파괴되어 가는데, 인구는 많고 땅은 좁은 우리나라는 어떨까요? 떠올려보면 벌써 가슴이 답답해집니다. 40년 전 나는 애리조나주의 세도나에 자주 놀러가 계곡에 발을 담그곤 했습니다. 몇 해 전 그곳에 다시 가보니 길을 따라 하 많은 집들이 줄지어 있어 일부러 차에서 내려 찾아보지 않으면 계곡은 보이지도 않았습니다. 40번 프리웨이를 따라 동쪽으로 가다 보면, 애리조나주 플래그스태프 왼쪽으로 우뚝 솟은 봉우리가 있습니다. '험프리 피크'라는 이 봉우리는 해발 약 4천 미터로 애리조나에서 가장 높은 산입니다. 40년 전에는 이 산의 정상에 한여름에도 눈이 덮여 있고 또 스키도 타곤 했었는데, 지금은 5월만 지나면 아예 눈이라고는 구경조차 할 수 없습니다. 애초에 지구는 참으로 청정한 환경이었지만 인간의 탐욕에 의하여 파괴되고 병들어갑니다. 그러다 마침내는 결국 망하고 말 것이라고 나는 확신합니다. 이 지구상의 모든 생물 중 인간을 제외하고 환경을 오염시키는 생물이 또 무엇이 있습니까? 언젠가 지구가 멸망한다면 인간은 모든 생물들에게 어떻게 속죄할 수 있을까요?

이 위대한 자연도 우주의 지배자에 의해 창조되고 통제되고 있다는 것을, 그리고 인간의 삶도 결국은 자연의 섭리에 따라야 합니다. 때문에 인간의 탐욕이 사라지지 않는 한 지구는 궁극적으로 생명체가 살지 못하는 곳이 될 것이라는 것을 이 광활한 대지 앞에서 체감합니다. 자연은 인간에게 제발 욕심부리지 말고 분수껏 살라고 타이르고 있지만 인간은 자연의 순리를 깨닫지 못하고 마음껏 허망한 욕심만 부리고 있습니다.

애리조나의 밤하늘에 비단을 깔아 놓은 듯 찬란하게 빛나는 별들은 크든 작든 각자의 자리에서 자기 푼수에 맞게 반짝입니다. 더 밝게 빛나는 별이라고 괜스레 우쭐대는 법도 없고 저마다의 위치에서 자기만의 속삭임을 지니고 살아가는 듯합니다. 보름달이 밝은 밤에는 달이 더욱 밝고 크게 보이도록 반짝임을 줄이고, 그믐의 질흙이 되어서야 비로소 치장도 해보고 뽐도 내며 그렇게 으스댑니다. 그러나 간혹 푼수를 모르고 은하수를 가로지르며 내달리는 별똥별은 혼자 나대지 말라는 듯 우주의 지배자가 순식간에 소멸시켜 버립니다. 자기 위치를 확실히 지키며 살고 있는 별들의 세계는 그래서 더욱 빛나고 아름답습니다.

모하비 사막의 키 작은 나무들은 한여름 소나기에 종족 보존의 장엄한 역사를 이루기 위해 열심히 꽃을 피우고 영글어갑니다. 그래서 이맘때의 사막은 사막이 아닌 듯 온통 초록의 물결입니다. 그러나 이 나무들도 절대로 오랜만에 갈아입은 초록의 자태를 과시하지 않습니다. 멀리서 보면 암갈색 바위와 거의 같은 색으로 보이도록, 그러니까 사막의 무채색과 견주어 크게 튀지 않으려는 나무들의 가상한 노력이 눈에 보입니다. 소나기가 한바탕 퍼붓고 지나가고 나면 비로소 초록이 더욱 투명해 보이는데 이때는 하늘에 뒤덮인 흰 구름의 그림자가 초록의 나무 잎새에 그늘을 만들어 결코 주위의 분위기와 어긋나는 형태를 보이지 못하게 막습니다. 또한 이때가 되면 모든 나무나 풀들이 꽃을 피우는데 사막 식물들의 꽃은 대부분이 노란색입니다. 간혹 흰 꽃이나 주황색 또는 연자주색의 꽃들도 있지만 워낙 노란 꽃이 많다 보니 대세에 밀려 온통 노랗게 보입니다. 이 또한 사막의 땅이 노란색에 가까운 무채색임을 감안하면 튀지 않고 주위 환경과 조화를 이루겠다는 나무와 풀들의 배려임을 오랫동안 그들을 보고 나서야 깨달을 수 있었습니다. 그래서 나무가 초록의 옷을 입고 온 바닥이 노랑꽃으로 뒤덮여 있어도 이곳은 초원이 아닌 사막임을,

그리고 그들은 그들이 사는 사막의 품격을 지키고 있음을 나는 8년이 지나서야 알았습니다. 그중에 밤이 되면 꼭 사람의 형상으로 보이는 사구아루 선인장은 머리에 노란 모자를 쓴 듯 노란 꽃을 이고 별을 우러러봅니다. 별이 빛나는 밤, 초록과 노랑의 조화가 사막에 새로운 활력을 주고 있습니다. 그리고 사구아루 선인장은 대지의 어머니처럼 조용한 시선으로 바라보고 있습니다.

 뉴멕시코의 사암 절벽들에게도 지배자는 질서와 규율을 명한 것 같습니다. 마치 열폭 병풍을 두른 듯, 아니면 도미노처럼 정렬하기라도 하는 듯 붉은색 암벽들이 일정한 폭과 높이로 줄지어 있습니다. 그러나 이들 또한 스스로 두드러지거나 뽐내는 척하는 모습은 없습니다. 차라리 유타의 사암 절벽들은 웅장하거나 섬세하거나 각기 자신의 개성을 과시하고 있어 '국립공원'이란 이름을 붙이곤 연중 시도 때도 없이 인간들이 몰려와 몸살을 앓고 있는데, 그에 반해 뉴멕시코의 사암들은 그저 조용히 서서 아름다운 미소만 띠고 있는 듯합니다. 친근한 우리 이웃의 아저씨, 아주머니들처럼 언제나 밝은 미소와 넉넉한 품을 지니고 있습니다. 중부 텍사스에서부터 동쪽으로 이어지는 끝없는 숲은 자기들끼리 서로 보살피며 건강한 모습입니다. 유독 잘난 체하며 혼자서 우뚝 선 큰 나무는 벼락에 맞아 쓰러지고 혼자만 고고한 척 바람길에 따로 서 있던 녀석은 폭풍우가 휘몰아치고 나면 허연 뿌리를 드러낸 채 뒤집혀 뒹굴고 있습니다. 세상을 살아가는 순리를 지키라는 지배자의 명령에 복종하지 않고 혼자 튀는 체하다가는 그 질서를 깨뜨리는 행동에 대한 준엄한 심판이 내려집니다.

우리들의 삶도 이 자연과 우주에 엄존하는 질서와 규율처럼 지키지 않으면 큰 시련이 있고 때로는 생명마저도 바쳐야 한다는 것을 나는 매일매일 접하는 대자연을 통하여 느낍니다. 비와 바람, 안개와 겨울 눈은 모두 우주 질서를 유지하는 하나의 방편이며 인간도 이에 순응하여야 한다는 것을 나는 왜 이제서야 깨닫게 된 것일까요? 사람들은 세상의 이치를 깨닫는 일에 아주 아둔하거나 아니면 그 이치를 깨닫는 일에 게으른 것이 분명합니다. 그리하여 결국에는 이 지구를 멸망시켜 버릴 무서운 짓을 저지르고 말 것임을 알면서도 스스로의 허황된 욕심을 내려놓지 못하는 것 같습니다. 자연의 아름다움, 그리고 그 아름다움이 인간에 의하여 피폐해져 가는 모습을 보고 있노라면 차라리 인간으로 태어나지 않았으면 참 좋았겠다는 부질없는 생각을 하게 됩니다. 그럼 나는 무엇으로 태어났으면 좋았을까요? 동물이라면 큰 눈망울과 착한 표정이 압권인 사슴이 어떨까요? 만약 사슴이라면, 한겨울 소나무 잔가지 사이에 쌓인 눈을 먹으며 허기를 달랠지언정 도로변 풀을 뜯으려 나왔다가 무참히 로드킬 당하는 어리석음은 나의 것이 아니어야겠지요. 만약 식물로 태어났다면 김수영의 시 한 구절처럼 바람이 불면 먼저 누울 줄 아는 풀이었으면 참 좋겠다는 생각을 해봅니다. 아무도 관심을 주지 않더라도 스스로

제 자리를 지켜가는, 그래서 별 소용없는 하찮음이 전부인 삶이지만 그 자리에서 없어지면 또 왠지 모를 허전함이 있는 그런 풀이었으면 좋겠습니다.

내가 쓰는 글의 맨 마지막에 나오는 건강하고 행복하자는 염원은 부귀영화를 얻어서가 아니라 스스로의 마음자리가 반석일 때 이루어지는 것임을 인생을 이만큼 살고 난 지금에서야 깨닫게 됩니다.

내내 건강하십시오.
내내 행복하십시오.

14

곱창과 노예 해방

BTS의 한 멤버가 LA 코리아타운에 위치한 '아가씨 곱창'이라는 식당에서 곱창을 먹고는 너무 맛있었다는 후기를 SNS에 올렸습니다. 그러자 팬들이 그 곱창집 앞에 줄을 서서 기다리는 소위 대박이 났습니다. 이 곱창집은 내가 사는 아파트에서 도보로 5분쯤 떨어진 거리에 있습니다. 곱창 전문 식당에 맞지 않는 상호도 별로고 또 간판 디자인도 영 아니올시다여서 아예 가볼 생각이 없었는데, 좀 한가해지면 한번 가봐야겠구나 다시 생각해 봅니다. 그러다가 또 '요즘 젊은 애들 입맛에 맞는 게 내게도 맛있을까' 하는 의구심이 들기도 합니다.

원래 곱창이란 게 미국 백인들은 아예 먹지 않고 또 대부분의 서양 사람들은 꺼리는 음식입니다. 그런데 미국의 흑인들은 한국인처럼 곱창을 아주 즐겨 먹는다고 합니다. 왜 유독 미국의 흑인들은 곱창을 즐길까요? 여기에는 정말 가슴 아픈 사연이 있습니다. 미국 역사상 가장 위대한 대통령이 누구냐고 물으면 대개의 미국인들은 '에이브러햄 링컨'이라고 답합니다. 우리가 가장 위대한 왕으로 세종대왕을 꼽는 것처럼, 링컨 대통령에 대한 이들의 존경과 자부심은 실로 대단합니다. 미국인들에게 링컨은 5년에 걸친 남북전쟁을 승리로 이끌고 분열된 미국을 하나의 연방국가로 통합하여 오늘날 세계 제일의 패권국가가 되는 초석을 다진 대통령입니다. 또 흑인 노예를 해방시킴으로써 미국이 인권과 자유 민주주의를 국가 이념의 기본으로 하는 나라로 발전하는 데 큰 기여를 한 대통령이기도 합니다.

그러나 역사적으로 볼 때, 남북전쟁은 '관세전쟁'이었습니다. 노예 해방은 북부가 승리한 데 따른 부차적 결과였을 뿐이죠. 목화 재배를 비롯한 농업을 기반으로 한 남부는 모든 노동력이 농업에 집중되어 있었고, 생필품 대부분은 유럽으로부터의 수입에 의존하고 있었습니다. 때문에 낮은 관세로 싼 가격에 생필품을 공급받기를 원했습니다. 그러나 북부의 상황은 달랐습니다. 막 산업화가 시작되어 여러 생필품을 자체 생산할 수 있었지만, 아직 그 품질은 유럽산에 미치지 못하였습니다. 때문에 수입품에 높은 관세를 부과하여 가격을 차별화하길 원했습니다. 이렇게 상반된 입장에서 남부는 독립을 선언하게 되고 이것이 남북전쟁의 단초가 된 것입니다.

1861년부터 1865년까지, 5년에 걸친 전쟁은 북부의 승리로 마무리되었습니다. 하지만 양측 모두 그 후유증으로 경제가 매우 어려운 상황이 되었습니다. 그렇게 노예 해방에 따른 후속 조치나 정책 따위는 전무한 가운데 흑인들은 해방을 맞게 된 것입니다. 말하자면 흑인들은 그들의 현실을 타파하기 위한 조직적인 저항이나 계획, 그리고 해방 이후 어떻게 살아야 하는지에 대한 아무런 준비도 없었습니다. 그 결과 흑인들은 그냥 거리로 내몰리게 되었습니다. 흑인 노예들은 주인의 억압에서는 벗어났지만 당장의 끼니조차 해결할 수 없는 절체절명의 위기를 맞게 됩니다. 비록 고단한 삶을 살긴 했지만 적어도 의식주 해결에는 아무런 걱정이 없었던 흑인 노예들은 당장 하루하루 생계를 걱정해야 하는 막막한 상황에 처하게 되었습니다. 허울만 해방이었을 뿐 백인들의 핍박과 횡포는 여전한 가운데 흑인들은 생존을 위해 몸부림쳐야 하는 지경에 내몰리게 된 것입니다. 그리하여 이들은 백인들이 먹지 않고 버린 곱창을 쓰레기통에서 주워와 삶아먹으며 끼니를 때웠고, 이 힘든 삶의 흔적이 그대로 이어져 요즘에도 곱창요리를 즐긴다고 합니다. 우리가 곱창을 즐겨 먹는 것도 조선시대 천민들이 배고픔을 달래기 위한 수단으로, 그리고 일제 강점기 선조들이 일본인들은 먹지 않는 곱창을 구해 먹었던 연유가 아닐까 하는 생각이 들게 합니다.

링컨은 자신들을 '해방시켜 준 대통령'임과 동시에 '사지로 내몬 대통령'이라는 이율배반. 아직도 상당수의 흑인에게 링컨은 '최고'가 아닌 '가혹한' 대통령이라 평가받고 있다고 합니다. 우리는 역사에 대한 평가가 그 상황을 어떻게 극복해 왔느냐에 따라 달라질 수 있음을 노예 해방에 대한, 그리고 링컨 대통령에 대한 평가의 차이에서 느낄 수 있습니다. 해방된 흑인들은 생존을 위하여 산업화가 활발하게 진행되던 북쪽으로 이동하였습니다. 그 결과 디트로이트를 중심으로 발달하던 자동차 산업은 흑인의 노동력이 더해져 더욱 번창하게 되었던 것입니다. 미시간을 중심으로 하는 옛 중서부 공업벨트 지역에 유독 흑인이 많이 살고 있는 것에는 이러한 역사적 배경이 자리 잡고 있습니다.

BTS와 아가씨 곱창 이야기가 노예 해방과 링컨이라는 전혀 엉뚱한 방향으로 흘렀습니다. 지금 우리나라를 먼 타국에서 지켜보면, 과연 내 생전에 다시 활기찬 대한민국의 역동성을 볼 수 있을지 걱정하게 됩니다. 그러나 어떤 역경도 이겨낸 우리의 역사를 되돌아보면 해방 이후 우리 선배들, 그리고 우리들이 일궈왔던 그 찬란한 성장과 번영을 다시 마주할 수 있으리라 믿습니다. 비록 칠십이 넘은 나이이지만 조국의 비상에 나는 어떻게 참여하여 도움이 될 수 있을지 진지하게 생각하게 됩니다. 이제 하루라도 빨리 한국으로 돌아가고 싶습니다.

내내 건강하십시오.
내내 행복하십시오.

15

대평원의 사계

　미국이라는 이 거대한 땅덩어리는 크게 세 부분으로 나눌 수 있습니다. 우선 애팔래치아산맥 동쪽 대서양에 접해 있는 '동부'와 애팔래치아산맥과 로키산맥의 사이 미시시피강을 중심으로 하는 '대평원', 그리고 로키산맥 서부에서 태평양 연안에 이르는 '서부'로 나뉩니다. 여기서 '서부' 지역은 다시 시에라네바다산맥과 로키산맥 사이의 '사막과 고원' 지대, 그리고 태평양 연안의 '따뜻하고 비옥한 땅'으로 나눌 수 있습니다. 동부는 13개 주를 중심으로 일찍부터 정치, 경제, 문화의 중심지였습니다. 그래서 그들은 애팔래치아산맥 너머를 모두 '서부'라고 불렀습니다. 금광을 찾아서 또는 더욱 비옥한 땅을 찾아서 애팔래치아산맥을 넘어가는 긴 여정은 '서부' 개척이었습니다. 그래서 오늘날 일리노이, 오하이오, 인디애나, 미시간 등 오대호 주변의 주들도 중서부로 불리며, 미국에 중동부 지역이 없는 것도 이러한 연유입니다. 미국의 중부, 그들이 중서부라 부르는 미시시피 대평원은 동서로는 장장 천오백 마일에 이르는 폭을 가지며 남북으로는 멕시코 국경부터 캐나다 국경까지 이르는 실로 방대한 넓이입니다. 10번, 20번, 40번, 70번, 80번, 그리고 90번 프리웨이는 모두 동서를 횡단하는 도로입니다. 이 고속도로를 달리다 보면 어디에도 산이라곤 없는, 사방이 지평선인 구간을 몇 시간씩 달리게 됩니다. 그야말로 거대한 곡창지대입니다. 이렇게 드넓은 대평원은 계절에 따라 그리고 지역에 따라 실로 다양한 풍경을 보이는데, 언제나 또 어디서나 그림같이 아름답습니다.

우선 미시시피강의 습지와 가까운 미주리나 켄터키의 봄날은 그야말로 자운영의 보랏빛 향기가 압권입니다. 우리가 국민학교 때 배운 동시 속의 '자운영 붉은 논둑'은 오막살이집 한 채도 안 되는 규모일 겁니다. 이곳의 자운영은 온 천지를 뒤덮었다고 할 만큼 멀리 아늑한 지평선까지 눈이 아리도록 거대한 띠를 이루고 있습니다. 특히 미시시피 습지에 안개라도 자욱한 새벽에는 어디까지가 자운영이고 어디까지가 안개인지, 어디가 하늘이고 어디가 땅인지 구별이 안 되는 몽환적인 아름다움에 내 가슴도 함께 몽롱해집니다.

여름날의 압권은 뭐니 뭐니 해도 캔자스 US도로변의 해바라기입니다. 노오란 해바라기꽃 역시 지평선까지 끝을 모르게 피어있는데, 끝이 없을 것 같은 노란 꽃을 보면서 달리다 보면 어느 새 해바라기꽃 너머로 진초록의 밀밭이 나타납니다. 마치 초록과 노랑이 만나는 선명한 선이 땅에서 시작하여 하늘까지 이어져 지구를 양분하는 듯한 느낌입니다. 노란 꽃과 초록 물결의 조화는 그저 환상이라는 말 외에는 어떤 표현도 할 수가 없습니다.

   대평원의 가을은 굳이 어디가 좋다고 말할 수 없도록 모든 곳이 고흐의 그림입니다. 수확한 농지와 아직 수확을 준비하는 농지, 초록의 목장지대와 눈 내린 듯 황홀한 목화밭이 어우러지는 색채의 향연은 그 무변의 넓이와 어우러져 가슴 뭉클한 감동을 연출합니다. 특히 켄터키나 켄터키와 인접한 테네시의 구릉지대에서는 옥수수를 많이 생산하는데, 이곳의 가을은 온 들판이 노랗게 물들어 있습니다. 옥수수가 선 채로 익어 있는 모습은 멀리서 보면 우리나라 가을 들녘의 벼가 익은 풍경 같기도 합니다. 이렇게 수확한 옥수수를 많이 소비하기 위하여 이곳이 소위 '버번 위스키'의 고장이 되었습니다. 버번 위스키란 미국에서 생산되는 옥수수를 51% 이상 사용하고 속을 불로 거슬린 새 오크통에 숙성하여 만들어진 위스키로, 켄터키주는 가장 유명한 버번 위스키의 고장입니다. 우리도 익히 아는 'JIM BEAM'이나 'HEAVEN HILL' 등이 대표적인데, 이 두 브랜드의 공장은 켄터키 고속도로변에 바로 이웃하여 자리하고 있습니다. 또 하나 그 유명한 'JACK DANIEL'은 '테네시 위스키'의 한 브랜드입니다. 테네시 위스키의 원료나 공정은 버번과 동일하지만, 반드시 테네시주에서 생산되어야 하며 오크통 숙성 전에 Sugar Maple 나무로 만든 숯으로 여과하는 과정을 거쳐야 합니다. 버번에 비하여 붉은 비취색이 진하고 향이 더 부드럽다고 합니다.

마침내 추수가 끝난 대평원에 겨울이 옵니다. 각종 겨울 철새가 찾아와 추수한 들판과 푸른 호수에서 노니는 모습은 그야말로 장관입니다. 시베리아에서 여름을 난 철새들 중 어떤 무리는 극동 지역을 거쳐 우리나라로, 또 어떤 무리는 알래스카를 거쳐 미국 쪽으로 날아든다고 합니다. 이 광활한 미국으로 날아온 철새들이 좁디 좁은 한반도로 날아간 철새들에 비해 훨씬 더 행복할 것이라고 나는 생각해 봅니다. 미국의 이 드넓은 농경지에는 기계로 수확한 후 남은 소위 이삭이라는 것이 한국과는 비교할 수 없을 만큼 지천인 데다가, 독극물로 철새들을 잡겠다는 못된 사람들도 없을 테니까요.

나는 도로를 달리면서 또 가끔은 레스트 에어리어 부근의 호수에서 기러기를 자주 만나는데, 이 기러기가 이렇게나 큰 새라는 걸 미국에 와서 처음 알았습니다. 한국에서는 그저 하늘을 기역 자로 무리 지어 날아다니는 것만 보았는데, 가까이에서 보는 기러기는 청둥오리보다도 크고 시골집 토종 장닭보다도 훨씬 더 큽니다. 하늘을 기역 자로 날아다녀서 그 이름이 '기러기'인 줄로만 알았는데, 몸통과 직각으로 긴 목이 있고 그 끝에 긴 부리를 내민 머리가 있는 형상이 마치 기역 자 모양 같습니다. 기러기의 이름이 어디에서 연유한 것인지 새삼 잘 모르겠습니다. 이 글을 쓰면서 자료를 찾아보니, 가창오리는 80~90%가 한국 쪽으로 날아가고 겨우 10~20%만 미국으로 날아온다고 합니다. 그리 자주 있는 기회는 아닙니다만 초겨울에는 네브래스카의 호수에서, 그리고 겨울이 깊어지면 아칸소의 빈 들판에서 가창오리의 군무를 만날 수 있습니다. 이들은 항상 땅거미가 지는 저녁 무렵에 떼 지어 움직이는데, 한번은 저녁놀이 붉은 배경에서 그들이 펼치는 군무를 볼 수 있었습니다. 오래전 주남지에서 만났던 잿빛 하늘에서의 군무와는 또 다른 황홀한 경험이었습니다. 가창오리는 수많은 개체가 함께 날아올라 여러 가지 형상을 연출하기 때문에 꼭 참새만 한 아니 참새보다 더 작은 새일 것이라고 생각하였는데, 호수나 농경지에 앉아 있는 걸 보니 이름에 걸맞게 딱 오리만 한 몸집을 하고 있어 다시 한번 놀랐습니다.

　80번이나 90번 도로는 평소에도 물동량이 많지 않아 자주 가지 않습니다. 특히 겨울이면 도로변 구릉지대가 온통 새하얀 눈으로 뒤덮이기 때문에 더더욱 운전하기 꺼려 하는 지역입니다. 우리는 설악산처럼 웅장한 산세에 하얀 눈이 쌓이면 절경이라고 하는데 이 무변의 대평원이 펼치는 하얀 눈의 파노라마는 또 다른 감동을 줍니다. 설원을 비추는 따사한 햇살과 새파란 하늘, 그리고 간혹 날아오르는 철새떼와 정말 운이 좋으면 만나는 설원의 사슴떼는 여기가 현실이라고 믿을 수 없는 환상의 대서사시를 연출합니다.

이렇게 대평원의 사계절은 내가 한번도 경험해 보지 못했던 자연의 신비를 선물하는 아름다운 시공입니다. 생각해 보면 한국의 사계는 미국에 비해 그 규모는 작아도 훨씬 더 깊이 있고 훨씬 더 감동적인 장면들이 많음에도 젊어서 그랬던 건지 아니면 삶에 바빠서 그랬던 건지 별로 느끼지 못하고 지나쳤습니다. 이제 칠십을 넘긴 나이 탓인지 트럭을 운전하면서 만나는 대평원의 사계는 해마다 새롭고 그 풍광이 주는 감동이 더 커져가는 걸 느낍니다. 아마도 이 풍경을 볼 수 있는 기회가 그리 많이 남지 않았다는 자각이 일상의 평범함을 비범함으로 바라보도록 하는 까닭일 거라고 생각합니다.

내 대학교 1년 선배이자 학창 시절 문리대 학술지 '형성'의 편집위원을 함께 했던 유홍준 교수는 '아는 만큼 보인다'고 했는데, 나는 세상이 '나이 든 만큼 보인다'고 말하고 싶습니다. 이 말에 동의하는 모든 분들은 나이 듦에 따라 더욱 소중해지는 자신만의 삶의 귀한 한 자락씩을 보듬고 살아가는 분들이라고 생각하며 이 글을 빌려 존경의 예를 갖춥니다.

내내 건강하십시오.
내내 행복하십시오.

16
눈물

조금은 부끄러운 고백이지만 나이 칠십을 넘기고 난 후 나는 부쩍 눈물이 많아졌습니다. 그렇다고 엉엉 소리 내어 우는 것은 아니고 꺼이꺼이 슬픔에 겨워 우는 것도 아닙니다. 그저 가슴이 멍하고 핑 눈물이 도는 그런 눈물이 자주 납니다. 애리조나 혹은 뉴멕시코의 겨울밤, 하늘에서 쏟아지는 별을 보고 있으면 그냥 눈물이 납니다. 칠흑같이 어두운 밤, 차량들이 별로 다니지 않는 도로에서 달리는 내 트럭의 헤드라이트 불빛을 보고 있으면 또 눈물이 납니다. 비가 쏟아지는 밤, 누워있는 트럭 지붕을 두드리는 빗소리에도 눈물이 납니다. 한적하고 길 양쪽으로 숲이 우거진 도로에서 김광석의 담담하면서도 우수에 깃든 노래를 들을 때도 나도 모르게 눈물이 납니다. 푸른 초원에서 한가로이 풀을 뜯으면서 아기소를 어루만지는 어미소의 선하고 큰 눈망울을 보면 또 눈물이 납니다. 트럭을 몰고 다니면서 부딪히는 지극히 일상적인 장면에 괜히 가슴이 멍해지면서 시도 때도 없이 눈물이 납니다.

 이렇게 하릴없이 자주 눈물이 나는 것이 꼭 슬픔이나 외로움 때문은 아닙니다. 그렇다고 이제 그리 길지 않게 남은 인생에 대한 아쉬움의 눈물도 아닙니다. 지난 삶을 돌이켜 보며 느끼는 회한의 눈물도 아닙니다. 나이 들면서 맘이 여려지고 소녀적 감성이 자리하여 흐르는 눈물은 더욱 아닐 겁니다. 어쩌면 지금 얘기하는 모든 것이 망라된 복합의 눈물일 수도 있고 아니면 그 어떤 것도 아닌 그냥 막연한 눈물일 수도 있습니다. 어떻게도 설명되지 않지만, 요즘 참 눈물이 많아졌다는 것만이 현실이고 현상입니다.

 생각해 보면 스스로 성공한 삶이라 자부하는 사람에게도, 그냥 평범하게 살았노라 생각하는 사람에게도, 인생이란 참 쓸쓸하고 고독하고 또 서글픈 여정인 것 같습니다. 어떤 삶을 살았든 상관없이 모두 죽음을 맞이할 수밖에 없는 이 피할 수 없는 현실. 그것이 우리의 인생을 그렇게 행복한 여정이었다고 자신할 수 없게 만드는 것 같습니다. 조금 더 일찍 가든 늦게 가든 결국은 가고야 말 그 미지의 세계가 우리의 나이 듦을 더욱 황망하게 만듭니다. 내가 없는 한국도 어김없이 돌아가고 있듯이, 단지 그곳에 나만 존재하지 않듯이, 죽음이란 세상은 늘 그렇게 변함없이 돌아가는데 어느 날 갑자기 나만 어디론가 떠나서 영영 돌아올 수 없는 상황이라고 생각합니다. 죽음에 대한 이 서글프고 엄숙한 자각이 눈물이 많아진 이유가 아닐까 생각합니다. 나의 현재 건강 상태가 어떻든 간에 이제는 서서히 인생을 되돌아보고, 정리하고, 그래서 남은 생을 어떻게 살아야 할지 진지하게 고민해야 할 시간이 온 것 같습니다. 눈물은 이러한 자기 성찰의 시간이 주는 세상 어떤 것과도 타협하지 않는 자기만의 순수함을 표현하는 것이라고 생각합니다.

눈물이 핑 도는 그 쓸쓸함의 뒤끝에는 그래도 내 삶은 그리 잘못된 것은 아니었다는 위안과 자부심이 찾아옵니다. 아무나 쉽게 경험하지 못하는 대륙횡단 트러커로 살고 있는 내 현재의 생활이 인생의 진정한 행복을 일깨워주는 소중함을 맑은 마음으로 받아들입니다. 나는 오늘도 눈가에 흐르는 눈물로 내 삶을 정화합니다.

내내 건강하십시오.
내내 행복하십시오.

17

충만한 봄의 정기 속에서

　칠십을 넘겼다느니 인생을 되돌아봐야 할 때라느니, 그리고 돌아가신 부모님이 더욱 그리워진다느니 하다 보니 내가 너무 늙어 버린 것 같고 지금부터의 삶은 그냥 여생인 것 같고 괜스레 죽음이 눈앞에 닥친 것 같아 더욱 우울해집니다. 공부가 하기 싫어 트로트를 좋아한다는 12살 꼬마 아가씨가 내게 한 수 가르쳐 줍니다.

　　　나이야 가라~
　　　나이야 가라~
　　　나이가 대수냐~
　　　오늘이 가장 젊은 날~

　그렇습니다. 내 인생에서 오늘이 가장 젊은 날이니 더욱 활기차게, 더욱 젊게 살아야겠다고 다짐하며 새로운 활력으로 트럭

핸들을 움켜줍니다. 지금부터는 긍정적이고 젊은 생각을 많이 해야겠다고 다짐하지만 어차피 여기저기에서 할아버지 소리 숱하게 듣다 보면 결국 도로아미타불이 되겠지요. 그래도 젊게 살려고 노력하겠습니다. 이 글을 쓰다가 갑자기 생각났습니다. 위 노래를 내가 꿈꾸는 행복교실의 시작을 알리는 단체 합창곡으로 하면 어떨까 하는 생각입니다. 남 앞에서 노래할 기회가 별로 없는 할머니들이라 처음에는 약간 쑥스러워하실 테지만 숙달되면 짧은 한 소절을 함께 부르면서 힐링될 것이 확실하고 웃으면서 시작할 수 있어 행복교실이 될 수 있겠지요. 갑자기 생각해 놓고 갖은 상상력을 덧붙이니 나도 힐링되고 3년 뒤에 한국의 시골 마을에서 시도해 보려는 소박한 꿈이 벌써 반은 이루어진 듯이 행복해집니다. 확실하게 젊은 마음이 되었습니다. 상상만으로도 젊어지는 지금이 참 좋습니다.

　동쪽으로 가는 로드가 확정되면 제일 먼저 하는 일은 가는 길목의 날씨 체크입니다. 미국이란 나라가 항상 사계절이 공존하는 넓디 넓은 땅이고 또 지역에 따라 돌발상황이 많이 발생하다 보니 날씨가 궂으면 우회로를 계획해야 합니다. 이렇게 트럭 운행에 있어 일기는 정말 중요한 변수입니다. 2월 말까지만 해도 동부는 눈과 광풍이 대단했습니다. 그런데 지난주 살펴본 로키 마운틴 동쪽 지역의 일기예보에서는 'Spring Sprung'이라는 말이 나왔습니다. 갑자기 겨울에서 봄이 용수철 튀어나오듯 툭 튀어나온다는 뜻인 것 같은데 나도 이런 식의 영어 표현은 처음 접해 봤습니다. 그래서 그런지 중부와 동부의 기온이 섭씨 30도를 웃돌아 낮에는 운전하며 에어컨을 켜야 했습니다. 사흘 전 아칸소 가스 스테이션에 들렀을 때는 완전히 한겨울이었는데, 오늘 돌아오는 길에 다시 들러보니 배롱나무에 하얀 꽃이 만발하였습니다. 확실히 봄은 젊음의 계절이며 아무리 겨울이 깊어도 봄은 오고야 맙니다. 나무들은 그 앙상한 가지 사이사이에 3일 만에 꽃을 만개시키는 엄청난 에너지를 숨기고 있었습니다. 이것이 자연의 이치라는 걸 새삼 느낍니다.

  오늘 배롱나무꽃을 보면서 나는 생각합니다. 내 아들이 아들을 셋이나 낳았을 때 얘들을 키우기가 물심양면으로 얼마나 힘들까 했는데 그것이 쓸데없는 기우입니다. 아이들은 봄이 오면 꽃이 피는 순리로 스스로 잘 크고 또 스스로 훌륭한 열매로 영글 것이라고 확신합니다. 우주에 충만한 에너지가 귀여운 내 손주 세 녀석의 온몸에 가득함을, 그래서 손주들은 그 기운으로 마침내 거목이 될 것임을 가슴으로 느낍니다. 덧붙여 이 손주 녀석들 셋이 어느 날 행복교실을 방문한다면 할머니들은 세 녀석의 활기를 가득 받을 것이고 또 내 손주들은 할머니들의 사랑을 듬뿍 받을 것입니다. 이 또한 우주의 조화가 아닐는지요. 모처럼 황홀한 상상으로 즐겁습니다.

  내내 건강하십시오.

내내 행복하십시오.

(사족) 이 글을 쓰고 난 다음날, 나는 I-40번 텍사스에 있습니다. 내일이면 지나야 할 뉴멕시코의 앨버쿠키 지역에서 애리조나 플래그스태프 지역까지가 영하로 떨어지고 눈바람이 심하겠다는 예보입니다. 보통 동부보다는 기온이 높은, 약간의 고원지대는 있지만 대부분이 사막인 지역인데… 변덕스러운 미국의 날씨는 젊은 미국의 아가씨, 그것도 잘 사는 집의 백인 아가씨와 닮았다고 하네요.

18

한국을 다녀오다

지난 1월 말부터 2월까지, 한 달간 한국에 다녀왔습니다. 열흘의 코로나 격리 기간을 제하면 불과 20일의 일정이었지만 바쁘게 뛰어다니며 계획된 모든 일정을 소화하고 오랜만에 친구들도 많이 만났습니다.

우선 이제 갓 돌을 넘긴 네 번째 손주 녀석을 안아 보았습니다. 아들의 셋째 아들인데 핏줄이 당겨서 그런지 이 녀석도 낯가림 없이 벙긋벙긋 웃으며 안기는 것이 마냥 귀엽고, 셋째를 낳은 내 아들 부부가 아주 기특해 보였습니다. 아들도 딸도 결혼한 지 거의 10년이 되어 갑니다. 아들은 아들 손주 셋, 딸은 딸 손주를 하나 낳았습니다. 각자 일가를 이루고 오순도순 재밌게 살아가는 것이 참 보기 좋았습니다. 또한 늙은 아빠, 엄마를 더욱더 즐겁게 모시겠다고 같이 일정을 짜고 의논도 하는 것을 보니 이만하면 더 바랄 게 없다는 행복이 충만해짐을 느낍니다. 그리고 5년 전의 수술에 대한 마지막 추적검사와 종합건강검진을 하였는데 다행히 아무 이상이 없어 한결 가벼운 마음으로 다시 미국으로 올 수 있었습니다.

올해로 연세 92세인 내 장모님은 현재 양로원에서 기거하고 계십니다. 또 언제 다시 뵐 수 있을까 하는 안타까운 마음으로 집사람과 여러 번 면회를 갔습니다. 코로나 때문에 유리창을 사이에 두고 휴대폰으로 대화하는 답답한 만남이었지만 그래도 잘 계시는 것을 확인하고 오니 한결 마음이 편합니다. 또 아버님과 어머님을 모신 절에도 다녀오고 장인어른이 잠드신 부여 산소에도 다녀왔습니다.

이번에는 여러 친구들도 만날 수 있었습니다. 짧게는 2년, 길게는 50년 만에 만난 친구들이었지만 바로 어제 헤어진 듯 어색함 없이 반갑고 그 시간이 행복했습니다. 주름진 얼굴과 벗어진 머리. 그렇게 세월의 무게가 그대로 드러나는 모습들이었지만 옛 기억의 그 자리를 소환할 수 있는 익숙함과 자연스러움이 그동안의 상거를 잊게 해주었습니다. 나도 빨리 한국으로 돌아와 총중의 한 사람으로 부대끼고 싶다는 바람이 더욱 간절해지는 만남이었습니다.

그렇게 한 달을 보내고 오랜만에 다시 핸들을 잡으니 나 없는 동안 미국의 광야는 참으로 봄맞이에 분주하였음을 웅변해 줍니다. 아직 동부에는 눈폭풍도 몰아치고 또 멀리 어느 산등성이에는 잔설이 많기도 하고 또 어떤 곳은 녹아내리기도 합니다. 그럼에도 앙상한 가지에는 새로운 생명이, 제어할 수 없는 봄의 기운이 똬리를 틀고 있습니다. 그렇습니다. 나 자신은 어디에 있건 우주는 변함없는 규칙 속에 제 할 일을 묵묵히 수행하고 있음을 이 나이가 되어서야 분명하게 받아들일 수 있다는 것이 참으로 신기합니다. 왜 좀 더 젊었을 때에는 이 이치를 모르고 살았을까? 아니 왜 알면서도 그렇게 절실히 느끼지 못했을까? 생각하면 나이가 든다는 것이 그리 허망한 것만은 아님을 느낍니다.

한국을 다녀온 후 첫 운행에서 돌아오는 길에 뉴멕시코의 앨버쿠키를 지나왔습니다. 전날까지 봄기운이 완연하던 날씨가 갑자기 영하로 떨어지고 눈보라도 휘몰아쳤습니다. 주유소 화단에 심어 놓은 나무가 온통 함박눈을 뒤집어쓰고 있어 눈꽃이 정말 아름다웠는데 자세히 보니 막 붉은 꽃봉오리를 터뜨리려던 복숭아나무가 함박눈의 기세에 그만 얼어 버렸습니다. 저 눈이 녹고 나면 나무는 다시 찬란한 꽃을 피울 수 있을까요? 한 송이 국화꽃을 피우기 위하여 봄부터 소쩍새는 또 그렇게 울었으니, 꽃이 피고 지는 이치가 어찌 그리 단순하고 순조로울 수 있겠습니까? 자연의 조화는 혼신의 힘을 다하는 치열한 생명으로 이루어지는 참으로 알다가도 모를 오묘함 그 자체입니다.

그렇습니다. 미국의 대자연은 사계가 바뀌는 것을 순순히 받아들이지 못합니다. 계절이 바뀔 때 즈음이면 눈폭풍이나 태풍, 그리고 토네이도나 해일 등이 어김없이 찾아옵니다. 이 엄청난 고난을 이기기 위한 용맹정진의 결과로 대자연은 그 숙연함마저 느낄 정도의 광휘를 자랑합니다. 일 년 사계를 견디는 데도 이럴진대 이 사계를 칠십 번도 더 지나온 우리의 시간은 또 얼마나 고달픈 노정이었을까요? 그 역경을 꿋꿋이 견디며 살아온 우리들의 오늘을 위하여 축배도 들고 또 박수도 쳐줄 수 있어야 할 것입니다. 그리고 그 역경을 이겨내고 버텨왔기 때문에 우리는 스스로 행복할 수 있는 권리가 있습니다. 현재 마음에 품고 있는 작은 아픔으로 고민하지 맙시다. 앞으로 닥칠지 모를 어떤 고난도 지금껏 그래 왔듯이 충분히 견디며 지날 수 있습니다. 지금부터는 충분히 행복해야 할 자격을 우리는 모두 갖추고 있습니다.

    내내 건강하십시오.
    내내 행복하십시오.

19

캔자스주 국도에서의 단상

한밤중 트럭 지붕을 때리는 빗소리는 언제 들어도 참 기분이 좋아집니다. 정말 억수처럼 쏟아지는 강한 빗줄기는 베토벤의 운명처럼, 아니면 라벨의 볼레로처럼 그렇게 웅장하면서 숨 쉴 틈조차 주지 않는 박자로 천정을 세게 두드립니다. 그러다 빗줄기가 좀 가늘어졌다 싶으면 또 잔잔한 선율의 피아노 소품처럼 감미로운 소리로 다가옵니다. 그냥 트럭 안에 갇혀 있을 뿐 문을 열고 단 한 발자국도 나갈 수 없는 형편이지만 빗소리를 즐기다 보면 밀폐된 감옥이 아닌, 술기운이 몽롱한 가운데 밤늦게 찾았던 대학시절의 '학림다방'과 같은 분위기가 됩니다.

시카고 쪽에서 로스앤젤레스로 갈 때가 되면 나는 44번 오클라호마의 유료 도로 대신 110번 로컬길과 뉴멕시코의 투쿰카리로 진입하는 국도를 즐겨 탑니다. 사방에 보이는 전형적인 미국 농촌 풍경이 너무나 아름답고, 또 이맘때면 길가에 피는 야생화의 향연을 즐기는 호사를 누릴 수 있기 때문입니다. 그런데 막 캔자스 시티를 지나 엠포리아를 향하는 35번 고속도로의 중간쯤에서 앞이 보이지 않는 폭우를 만났습니다. 그것도 밤 10시가 넘은 한밤중에 갑자기 쏟아지는 장대비였습니다. 달리던 승용차들은 모두 갓길에 멈춰 서서 비가 뜸해지기를 기다리는데 큰 트럭은 갓길에 세우기가 힘듭니다. 겨우 중간의 트럭 주유소로 빠져나오니 마침 한 자리가 남아있어 오늘은 여기에 차를 세우고 빗소리 교향곡을 감상하고 있습니다.

나는 오늘 한 시간 반 정도를 더 달려가 엠포리아 인근에 트럭을 세울 계획이었습니다. 이 즈음 엠포리아에서 아침 일찍 일어나 드넓은 밭 사이를 산책하다 보면 개구리는 물론 맹꽁이의 울음소리가 내 어린 시절의 향수를 불러일으키기 때문에 무리해서라도 갈 생각이었는데 예기치 않게 쏟아진 폭우가 나의 드라이브를 막았습니다. 사실 맹꽁이는 우리나라와 중국 북동부 지역에만 서식하는 개구리목의 한 종류입니다. 그런데 작년 이맘때 엠포리아에서 트럭을 세운 뒤 아침 일찍 안개 사이로 산책하던 중 나는 개구리 소리와 어울려 들려오는 맹꽁이 울음소리를 분명하게 들었습니다. 무척 반갑기도 하고 또 확실히 맹꽁이 소리가 맞는가 싶어 개울 가까이 다가가니 개구리도 맹꽁이도 인기척을 느꼈는지 울음을 딱 멈추어 버렸습니다. 산책을 멈추고 그 자리에 서서 다시 울어주기를 한참 기다렸지만 내가 거기 서 있는 걸 보았는지 아니면 안개가 걷히고 아침 햇살이 비쳐서 그런지 더 이상 울음소리는 들을 수 없었습니다. 정말 맹꽁이였는지 확인도 못하고 해를 넘기고 말았는데 마침 꼭 같은 시기에 엠포리아를 거칠 수 있는 기회가 생긴 겁니다. 야간 운전을 해서라도 이번에는 꼭 확인하고 싶었는데, 갑자기 쏟아지는 폭우가 나의 바람을 막아 버렸습니다. 작년에 내가 잘못 들었거나 아니면 누군가가 아시아 쪽과 무역을 하면서 어찌어찌 외래종으로 들어온 것이 아닐까 생각해 봅니다. 그러나 한국에서도 맹꽁이는 멸종 위기의 보호종이라고 하니 작년 새벽에 들었던 맹꽁이 소리는 내가 무언가를 착각한 것일 수도 있습니다. 아니면 안갯속에 먹이를 찾아 나온 얼리버드의 울음소리였을 수도 있겠습니다. 나에게 맹꽁이 소리는 어린 시절의 추억일 뿐인 것 같습니다.

아침에 일어나니 간밤의 비는 그치고 그렇게 화창한 날씨는 아니지만 제법 햇살도 내리쬐고 바람도 상큼합니다. 엠포리아를 지나 달리는 50번 US도로변은 그저 봄기운이 완연한 가운데 사방을 둘러봐도 끝없는 지평선입니다. 특별히 웅장하고 경이로운 풍광은 아니지만 푸른 보리밭처럼 일렁이는 알팔파 목초지와 가을 수확 후 그냥 둔 밭들이 펼쳐집니다. 옥수수밭, 밀밭, 콩밭은 모두 노란색이지만 그 채도나 명도가 각기 달라 색다른 노란 빛을 과시합니다. 또한 노랗게 만발한 유채꽃의 향연, 그리고 막 새로운 씨앗을 뿌리기 위해 갈아놓아 짙은 갈색의 맨 속살을 드러낸 땅들이 때로는 기하학적인 문양으로 또 때로는 원형의 굽은 모습으로 색의 조화를 이룹니다. 길섶의 민들레도 노란 꽃을 피운 채 지천이고 지금 막 연두색 새순을 피우는 나무들의 봄 준비도 그저 경이롭고 아름다운 풍경입니다. 그 가운데에 있는 나는 아무나 볼 수 없는 이 멋진 풍광 속을 달리고 있다는 생각에 들떠 있습니다.

친구들은 이 나이에 이렇게 큰 트럭을 운전하며 미 대륙을 횡단하는 나에게 정말 건강하고 대단하다고 칭찬합니다. 그러나 사실 지금껏 즐겁게 운전할 수 있는 이유는 건강도 수익도 아닌, 순전히 운전을 대하는 내 마음가짐 덕분이라고 생각합니다. 요즘처럼 4차 산업혁명이다 5차 산업혁명이다 하는 시대에 트럭 운전이라는 것은 그야말로 1차 산업이며 부가가치라고는 전혀 없는, 딱 뿌린 만큼만 거두는 직업입니다. 대개 그때그때의 경제 상황에 맞춰 마일당 가격이 결정되면 오늘 운송하는 목표 지점까지의 거리에 그 가격을 곱합니다. 그것이 내 수입의 전부입니다. 여기에다 연료비와 보험료, 제세금, 그리고 예기치 못하는 고장이나 사고에 대비하는 비용 등을 제하면 그것이 나의 수익이 됩니다. 내가 트럭을 구입하여 소위 오너 오퍼레이터로 운전한 지난 4년 중 작년이 제일 수익이 좋았습니다. 코로나 팬데믹 현상으로 정부가 실업수당을 퍼주다 보니 미국이나 남미 출신 트럭 기사들은 실업수당이나 운전수익이나 거의 비슷하다고 생각하여 대부분 일을 하지 않았습니다. 그러다 보니 인력난으로 단가가 올라가고 유류비는 내려가서 큰 수익을 낼 수 있었습니다. 그러나 지금은 중국의 봉쇄로 들어오는 물건은 없고 우크라이나 전쟁 탓에 기름값은 천정부지로 올라 작년에 비해 수입이 30퍼센트도 안 되는 지경입니다. 그래서 중소 트럭 회사들은 거의 폐업을 한 형편입니다. 내년쯤에는 많이 회복될 거라고 하는데 누구도 알 수 없는 노릇입니다. 이렇게 수익은 많이 줄었지만 그래도 매일매일 달리는 미국의 산야가 내게 경이로움과 즐거움을 줍니다.

내가 미국의 장거리 트럭 운송 사업에 대해 이렇게 길게 설명하는 이유는 트럭 운전의 재미를 이야기하기 위함입니다. 간단히 요약하자면 나는 운전을 통하여 스스로 인내를 배우고 새로운 인생에 눈을 뜨며 그래서 보람과 행복을 느끼고 있습니다. 백세가 넘는 철학자 김형석 교수님께서는 만약 인생을 살아온 과거로 되돌릴 수 있다면 65세부터 85세까지로 되돌아가고 싶다고 하셨습니다. 젊었을 때는 생각이 얕았고 65세가 되어서야 행복이 뭔지 또 어떻게 살아야 하는지를 알게 되었으니 그때가 인생의 황금기였다고 말씀하십니다. 김 교수님의 글을 읽으면서 많은 부분을 공감할 수 있는 것은 지금 트럭을 운전하며 미 대륙을 횡단하는 나의 생각을 대변해 주시는 것 같기 때문입니다. 그러나 내 인생의 황금기는 지금이 아닌 결혼하고 4~5년 후, 그러니까 남매를 키우면서 그 자식들이 너무 예쁘고 귀여워서 그 좋아하는 술도 마다하고 칼퇴근하여 아이들과 놀던 그 시절이 아니었나 생각합니다. 지금 이 시간은 스스로를 객관화하여 바라보면서 앞으로 여생을 어떻게 살 것인가를 생각하는 더욱 성숙한 나 자신을 바라볼 수 있어 보람과 자존과 행복을 느끼기는 하지만 그렇다고 지금이 황금기라 하기엔 너무 늦고 초라해진 스스로가 아쉬움과 미련의 대상임을 부정할 수가 없습니다. 그저 지금도 스스로 행복을 느끼며 살아가는 나날들에 감사할 뿐입니다.

캔자스의 대평원에서 나는 지금 이 순간의 나에게 잘 살고 있어 괜찮구나 하고 박수 쳐주며 열심히 행복의 액셀레이터를 밟고 달립니다.

내내 건강하십시오.
내내 행복하십시오.

20
트러커의 특별한 호사

요즘 미국의 날씨는 지역에 따라 섭씨 35도가 넘어갈 정도로 더워졌습니다. 그래서 매일 하겠다는 산책을 가능한 한 아침 일찍 시작하려고 애쓰고 있습니다. 지난주 트립에서는 LA를 출발하여 뒷날 새벽에는 약 650마일 떨어진 뉴멕시코의 사막에서 산책을 하였고, 그 다음날은 다시 700마일 떨어진 오클라호마의 목장지대에서 새벽 산책을 즐겼습니다. 그러고는 다시 700마일 너머를 운전하여 테네시의 애팔래치아산맥 가장자리의 숲길을 걸었습니다. 하루는 뉴멕시코에서 그 다음날은 오클라호마에서, 또 다음날은 테네시의 숲길에서 산책할 수 있는 호사를 나 말고 누가 누릴 수 있겠습니까? 주도 또 주위도 확연히 다른 환경에서 아침 산책을 하면 날마다 전혀 새로운 경험, 새로운 변화에 즐겁습니다. 이처럼 대륙횡단 트러커는 아무나 느낄 수 없는 행복을 만끽합니다.

뉴멕시코의 사막길은 마침 막 아침해가 떠오른 뒤라서 그리 덥지도 않았고, 더욱이 상큼하게 불어오는 바람도 있어 즐겁게 걸었습니다. 여기저기서 내 발 앞으로 달려 나와 옆 풀속으로 사라지는 사막 도마뱀들은 아마 내 발자국 소리에 화들짝 놀라 그렇게 수선을 피우는 것 같았습니다. 그렇게 한참을 걷고 있는데 저 앞쪽에 큰 방울뱀 한 마리가 똬리를 튼 채 앉아 나를 바라보며 혀를 날름거리고 있었습니다. 방울뱀은 움직일 때 꼬리를 바짝 위로 세우는데 거기에서 방울소리가 난다고 해서 이렇게 예쁜 이름으로 불리지만, 코브라보다도 훨씬 강한 독을 지닌 맹독성 뱀입니다. 아마 새벽이슬을 받아먹으려 나왔다가 아침 햇살이 비치니 거기에 앉아 해바라기를 하다 내 발자국 소리를 듣고 경계하고 있은 듯합니다. 나도 그 자리에 멈춰 서서 이러지도 저러지도 못하고 그놈의 움직임만을 주시하고 있는데 이 녀석은 조금을 그렇게 있더니 서둘지도 않고 천천히 길가 풀숲으로 사라져 갔습니다. 나는 내가 그놈을 먼저 보지 않았으면 큰일 날 뻔했다고 가슴을 쓸어내리며 더 전진하지 못하고 그대로 되돌아와야 했습니다. 메마른 대지와 푸른 하늘, 흰 구름이 전부인 이 황량한 사막을 거처로 하여 살아가는 동물들도 참 많은 것 같습니다.

　매번 느끼는 것이지만 오클라호마 목장지대의 소들은 걸어 다니는 사람을 잘 보지 못하는가 봅니다. 그래서 그런지 내가 가면 모든 동작을 멈추고 일제히 철조망 너머에서 나를 따라 걷습니다. 저 멀리에서 풀을 뜯던 녀석들도 뛰어와서 나를 따릅니다. 그리하여 처음에는 한두 마리였다가 시간이 지나면 수십 마리가 나를 따라 걷습니다. 나도 반갑기도 하고 또 함께 걸으니 기분도 좋아져서 손을 흔들기도 하고 또 안녕이라고 소리 지르기도 하면서 그들을 반겨 줍니다. 그런데 이 넓은 목초지에서 그리 한가롭게 풀을 뜯는 미국 소들은 한국 소들에 비해 참 못생기고 또 사납게 생겼습니다. 맨날 우리에 바투바투 갇혀 사는 한우들은 달관인 양, 체념인 양 모두가 득도한 스님 같은 표정인데 여기 미국 소들은 이 광활한 목초지에서 평화롭게 풀을 뜯고 있는데도 하나같이 인상이 못나고 험상궂어 꼭 뒷골목 조폭 같은 느낌입니다. 그러나 먹던 풀도 마다한 채 구태여 나를 따라나서는 걸 보면 심성은 인상처럼 그리 나쁘지 않은가 봅니다.

세 번째 날 산책했던 테네시의 숲길은 그냥 어두운 숲 그늘이었습니다. 사람이 전혀 들어갈 수 없을 정도로 빽빽한 나무 사이로 양명한 아침 햇살이 스며들기도 하고 또 한 모퉁이를 돌면 음습한 기운이 들어 무서운 기분이 들기도 합니다. 그러다 좁은 도로를 지나는 개울을 만나면 건강한 숲에서 비롯된 맑은 물이 소리 내며 흘러가 이 땅의 풍요롭고 활기찬 기운을 증명합니다. 저 숲속에는 분명히 곰도 있을 것이고 사슴이나 다른 짐승들도 있으며 나름의 먹이사슬을 유지한 채 숲의 건강함 속에서 각자의 삶을 영위하고 있겠지요. 자동차도 별로 다니지 않고 인가도 굉장히 드문드문 한두 채씩 있어 으슥한 숲길. 그러나 지금 이름 모를 여러 종류의 새들이 이렇게 아름답게 지저귀는 걸 보면 가까이에는 내가 긴장해야 할 만큼 위험한 동물이 없다는 것을 나는 알고 있습니다. 하지만 다음부터는 등산용 스틱을 가져와야겠구나 생각하며 더욱 잰걸음으로 아침 산책을 서둡니다.

이렇게 사흘 동안 각기 풍광도 다르고 특징도 전혀 다른 남서, 남중부의 3개 주에서 아침 산책을 하면서 각기 다른 지역의 각기 다른 향기를 호흡합니다. 미국의 이곳저곳에서 산책을 즐길 수 있는 나는 참으로 선택받고 행복한 사람입니다. 봄, 여름, 가을, 겨울이 다르고 오전 오후가 다르고 날씨 상황에 따라 시시각각 변하는 이 광활한 대지는 단순한 산책일 뿐인 일상에 커다란 즐거움과 희열을 선물합니다. 대륙 이곳저곳을 수시로 넘나드는 트러커란 직업은 이렇게 평범한 일상을 즐거움으로 치환시켜 때론 지루하고 피곤할 수도 있는 삶을 위안해 주고 또 더욱 풍요롭게 해줍니다.

더욱 건강하십시오.
더욱 행복하십시오.

21

토네이도

　아침에 루이지아나 먼로우시 부근에서 딜리버리를 끝내고 150마일쯤 떨어져 있는 미시시피 잭슨시 부근으로 픽업하기 위하여 20번 고속도로를 달려갑니다. 마침 시간 여유도 있고 하여 조금은 느긋한 기분으로 김광석의 '서른 즈음에'를 들으며 달립니다. 김광석의 노래를 들으면 그는 너무 일찍 세상을 알아버린 듯합니다. 서른 즈음의 느낌을 써 내려간 노랫말이 칠십을 넘긴 나에게도 공감과 울림을 줍니다. 그래서 김광석은 그렇게 일찍 세상을 떠나간 걸까요. 지금 살아있다면 그는 오십 대 후반의 나이. 세상을 좀 더 살아본 싱어송라이터로서 더 품격 있는 깊이로 노래했을 것이라 생각하니 한 천재 예술가의 죽음이 진한 페이소스를 줍니다.

　한참 김광석의 인생을 생각하며 운전하다 픽업 장소를 10마일여 남겼을 때 갑자기 사방이 어두워지더니 세찬 비바람이 휘몰아칩니다. 휴대폰에서는 지금 토네이도가 오고 있으니 각별히 주의하라는 재난방송이 계속됩니다. 나는 처음으로 토네이도와 맞닥뜨려 봅니다. 앞이 보이지 않는 어둠과 세찬 비, 그리고 이 큰 트럭이 심하게 흔들려 잘못하면 옆으로 넘어갈 수도 있겠구나 싶은 불안이 엄습합니다. 그러나 지금 여기서 그냥 멈추거나 피할 수 있는 방법은 전혀 없습니다. 운전 속도를 확 줄여서 천천히, 더 천천히… 겨우겨우 픽업 장소에 도착합니다.

 창고에서는 모든 업무가 중단된 채 온통 비상벨 소리만 요란합니다. 모두 걱정스러운 얼굴로 이 암흑의 아침 시간을 지켜보고 있습니다. 나는 파킹할 장소를 확인해야 해서 할 수 없이 트럭에서 내려 사무실로 가야 합니다. 빗물은 이미 발목 위까지 차올랐고 얼굴을 때리는 빗줄기는 아프고 바람은 몸이 비틀거릴 정도로 세찹니다. 물벼락 맞은 생쥐 꼴로 사무실에 들어서니 사무실 친구는 한 20분이면 지나갈 테니 그때까지 기다리라고 얘기합니다. 토네이도를 처음 경험하는 나는 이리도 불안한데 여기 사람들은 별로 대수롭지 않은 듯해 보입니다. 그렇게 한 20분을 기다리니 정말 언제 그랬냐는 듯 하늘도 밝아지고 비도 거의 오지 않는 상태가 되었습니다. 사무실 직원은 이건 아주 가벼운 토네이도라고 얘기하는데 트럭이 크게 흔들리고 눈앞이 잘 분간되지 않는 어둠과 세찬 비바람 속을 운전했던 내겐 두 번 다시 겪고 싶지 않은 두려움입니다. 생각해 보면 이건 아주 가벼운 토네이도라는 말이 맞습니다. 지붕이 날아가고 가로수가 뽑히며 트럭이나 승용차가 쓰러져 지붕 위에 그리고 계곡 아래 처박혀 있는 광경을 거의 매년 텔레비전으로 보아왔으니까요. 낙동강변에 살던 어린 시절, 소위 용오름이라는 회오리바람이 한바탕 지나가고 나면 둑방길에서 미꾸라지나 작은 물고기를 줍곤 했습니다. 그런 소소한 추억이 전부였던 내게 난생처음 맞닥뜨린, 그것도 큰 트럭을 운전하다가 만난 토네이도는 여기 사람들처럼 가벼운 것이 아닌 엄청난 충격을 주는 경험이었습니다.

김광석의 노래를 들으며 그의 인생을 생각하는 가슴 아린 순간과 토네이도의 불안을 이겨내야만 하는 긴장이 교차하는 순간은 정말 순식간이었습니다. 우리네 인생의 질곡과 부침 역시 한순간에 벌어지는 일임을 깨닫게 됩니다. 칠십이 넘은 지금, 나는 내 주위를 더욱 깨끗이 해야 한다는 다짐을 다시 한번 더 되새깁니다.

내내 행복하십시오.
내내 건강하십시오.

22
마음으로 써 내려간 시

내가 사는 아파트에서 10분쯤을 걸어가면 도서관이 하나 있습니다. 이 도서관에는 한국 도서들도 꽤 많이 구비되어 있습니다. 운행을 다녀오면 3~4일쯤을 쉬는데 그동안 미뤄뒀던 일도 처리하고 또 꼭 만나야 할 사람들도 만나야 합니다. 그러다 보니 내가 직접 도서관에 가서 책 읽을 시간을 내기란 그리 쉽지 않습니다. 그래서 주로 집사람에게 내가 관심 있어 할 만한 읽을거리를 좀 빌려와 달라고 하여 저녁에 읽거나 때로는 책을 가지고 나와서 트럭에서 읽기도 합니다. 이렇게 하여 최인호, 박완서, 황석영 등의 소설도 읽고 또 작가 이름은 기억나지 않지만 내용은 꽤 괜찮은 수상집이나 인문학 서적들을 읽는 호사를 누립니다.

이번에 집사람이 빌려다 주어 단숨에 읽어 버린 책에 대해서 잠깐 소개해 드리겠습니다. 김재환이라는 다큐멘터리 영화감독이 영화 〈칠곡 가시나들〉을 제작한 뒤 그 내용을 엮은 단행본 〈오지게 재밌게 나이듦〉이란 책입니다. 쉽게 읽히면서도 잔잔한 감동을 줍니다. 공부를 하지 못하여 평생 한글을 읽지도 쓰지도 못하던 할머니들이 '문해학교'라는 교육 프로그램에서 한글을 깨치고 또박또박 시를 써 내려갑니다. 한글을 모르고 살았던 지난 삶의 애환과 이제 한글을 깨치고 난 후의 변화를 정말 진솔하게 표현한 이 시들이 잔잔한 감동을 줍니다. 칠십을 훌쩍 넘긴 가장 젊은 할머니부터 구십을 눈앞에 둔 할머니까지, 새롭게 무언가를 배우기에는 너무 늦었다고 생각하기 쉬운 할머니들의 열정과 대단한 실천력이 이제 칠십을 넘겨 노인이 되었다고 생각하던 내게 참 많은 부끄러움을 줍니다. 또한 그 할머니들의 지난 삶이 얼마나 진솔하고 순수했을까 할머니들의 시에서 바로 느낄 수 있습니다. 소위 먹물 깨나 먹었다고 참으로 타산적이며 오만하게 살았던 나의 삶은 이 할머니들의 사랑과 진솔함과 순진무구함 앞에서 참으로 부끄럽고 또 부끄러울 뿐입니다. 할머니가 쓴 시 한 편을 여기에 소개해 보겠습니다.

무서운 손자

강춘자

어릴 적

할머니 다리에 누워

옛날 얘기를 들으며

잠이 들곤 했었는데

우리 손주는

책을 가져와

읽어 달라고 하니

무서워 죽겠다.

말로 하는 이야기라면

손으로 하는 음식이라면

손주놈이 해달라는 대로

해줄 수 있으련만

달려가 보듬어 안고파도

손주놈 손에 들린

동화책이 무서워

부엌에서 나가질 못한다.

 참 진솔하고 꾸밈없는 이 시가 훌륭한 시인이 쓴 그 어떤 시보다 더 벅찬 감동을 줍니다. 평생 한글을 몰라 참으로 괴로웠던 심정을 이 이상 어떻게 표현할 수 있겠습니까? 비단 여기 인용한 강춘자 할머니의 시뿐만 아니라 수록된 모든 할머니들의 시가 한글을 모르고 살아온 평생의 한을 단순하고 담백하게 표현하고 있습니다. 그래서 시를 어찌 써야 하는지도 모르는 할머니들을 참으로 곱고 순수한 시를 쓰는 시인이게 합니다.

손주를 돌봐주러 도시에 있는 아들네에 갔다가 한글 수업에 빠지는 것이 아쉬워 '나 그냥 집으로 갈란다' 하고 아들에게 이야기했을 때, 그 사연을 들은 아들이 너무도 죄송해 어머니와 부둥켜안고 통곡을 하였다는 부분에서는 나도 함께 눈물을 흘리며 할머니를 응원하였습니다. 이렇게 진솔한 할머니들의 이야기가 거꾸로 나는 참 순수한 삶을 살지 못하였구나 하는 회한을 줍니다. 우리의 삶이 어떠해야 하는 건지 앞으로 남은 생을 무엇으로 채워야 할지를 이 할머니들의 이야기가 일러 줍니다. 그래서 여러분들도 이 책을 한번 읽어 보시라고 권합니다.

내내 건강하십시오.
내내 행복하십시오.

23
생명의 기적을 찾는 지혜

　모하비 사막의 9월은 그저 열사의 계절입니다. 모든 것은 메마르고 익어버린 듯하고 곳곳에 널브러진 키 작은 나무와 풀들은 살아있는지 죽었는지조차 구별하기 어렵습니다. 그래도 '아, 저건 확실히 살아있구나' 싶은 것은 비록 힘없이 축 처져 있기는 하지만 그래도 녹색의 자태를 유지하고 있는 선인장류의 식물뿐입니다.

　이런 모하비 사막에 때아닌 9월의 비바람이 몰아쳤습니다. 그것도 잠시 잠깐 내리는 비가 아니라 제법 세찬 빗줄기가 꽤 오랫동안 퍼부어 배수시설이 전혀 없는 고속도로변에 금세 흙탕물이 넘칠 정도였습니다. 비가 그친 후 선명하게 드러난 무지개의 영롱함이 안전 운행에 노심초사하던 마음에 평온을 주는 가운데 더욱 신비로운 것을 목격합니다. 마치 죽은 것처럼 널브러져 있던 식물들이 새로운 생명을 얻은 듯 되살아나는 생명의 기적입니다. 봄날의 아지랑이가 아롱거리듯 생명의 정기가 온 천지를 뒤덮는 가운데 힘찬 기지개처럼 하늘을 향해 뻗쳐 올리는 생명의 아우성이 경이로움과 신비로움으로 눈앞에 펼쳐집니다.

 그렇습니다. 아무렇지 않게 살아있는 듯 죽은 듯 일상에 충실하던 우리의 삶도 한순간 어떤 계기를 맞으면 마치 새로운 생명을 얻은 듯 활기찬 일상으로 탈바꿈하는 현상을 우리 모두 한번쯤은 경험해 보았을 것입니다. 우리는 강인한 생명력을 가진 그리고 치열한 삶의 질곡을 지나와 이제는 모하비 사막의 풀들처럼 누워있지만 어떤 계기를 맞으면 새로운 생명력을 불태울 수 있는 용기와 열정을 가지고 있는 70대임을 늘 명심하고 살아야 합니다. 모하비 사막의 식물들은 스스로 능동적이지 못하여 그저 비가 내려 주기만을 기다릴 뿐이지만 우리는 스스로 삶의 단비를 찾을 수 있는 지혜를 가졌습니다.

 이제 비록 사회적으로 큰 기여를 할 수 있는 기회를 잡을 수는 없을지 모릅니다. 하지만 나이에 걸맞게 세상에 작은 보탬이라도 될 수 있는 아니면 적어도 내 인생에 큰 보람과 자존을 줄 수 있는 기회는 반드시 올 수 있다는 확신을 가지고 기다리며 살아야 합니다. 이것이 우리에겐 사막의 빗줄기 같은 생명입니다. 이것이 우리에겐 비 온 뒤의 아름다운 무지개이며 하늘을 향해 뻗치는 생명의 용솟음입니다. 우리는 이 새로운 기회를 기다리며 씩씩하게 그리고 건강하게 살아야 합니다. 어쩌면 그 기회라는 것이 작고 하찮은 것일 수도 있습니다. 그렇지만 나름 인생의 큰

성과는 모두 경험하고 지나온 우리에게 비록 작고 소소한 것일지라도 보람과 행복을 주는 일이 있다면 우리는 이를 즐거운 마음으로 받아들여야 합니다. 그러한 기회는 모하비 사막의 때아닌 빗줄기처럼 우연히 찾아올 수도 있겠지만 스스로 열심히 노력하며 탐색하는 데서 성취할 수 있는 것이라고 생각합니다. 이러한 보람을 스스로 찾으면서 살아가는 나날들이 우리에게 더 많은 활력을 줄 수 있다고 믿기 때문에 우리는 아직은 젊은 70대를 즐길 수 있습니다. 오늘 하루 소소한 보람, 작은 행복을 찾아나서는 일상이 더욱 풍요롭고 건강한 노년을 누릴 수 있는 방편입니다.

내내 건강하십시오.
내내 행복하십시오.

24
원주민의 눈물

　미국의 최대 명절이라는 추수감사절이 다가옵니다. 칠면조를 구워 놓고 멀리 있는 가족이 함께 모여 한 해의 풍요를 즐기고 또 내년의 번영과 행복을 기원하는 우리의 추석과 같은 의미를 가진 날입니다. 그러나 추수감사절의 유래를 생각하면 아메리카 원주민들에게 이날은 치욕과 분노의 날일 것입니다.

　250여 년 전 미 동부로 상륙한 영국의 청교도들은 추위와 굶주림, 병마에 죽어 갔습니다. 이 땅에 적합한 농사법이나 생존 양식을 몰라서 자칫 모두가 살아남을 수 없는 힘든 형편이었습니다. 이때 이 땅의 원주민들은 그들에게 농사법을 가르쳐 주고 단풍나무에서 시럽을 추출하는 법을 알려줬습니다. 그렇게 영국인들은 생존할 수 있었고, 그들이 거둔 수확을 기념하기 위해 원주민들은 칠면조를 가져와 함께 나누며 즐거워하였습니다. 이것이 오늘날 추수감사절의 유래라고 합니다. '신대륙으로 건너오면 풍요롭게 잘 살 수 있다'는 소문이 퍼지자 더 많은 유럽인들이 이 땅으로 몰려왔고 더 넓은 땅이 필요해졌습니다. 더욱이 서부에서 금광이 발견되자 이제는 원주민들의 터전을 빼앗아야만 했습니다. 유럽인들은 원주민을 협박하여 땅을 빼앗기도 하고 때로는 죽이기 시작합니다. 원주민들도 생존을 위하여 오랫동안 익혀온 사냥 솜씨로 항거하였죠. 원주민들의 기세에 소위 말하는 미국 기병대의 피해도 컸습니다. 그들은 원주민들이 생존할 수 없는 환경을 만들어 스스로 소멸시키고자 원주민의 삶에 소중했던 버팔로를 사냥하기도 합니다.

숫자로 보면 더 처참합니다. 당시 원주민이 약 5천만 명에서 1억 명으로 추산되는 바, 이중 90퍼센트 이상이 죽임을 당하거나 살지 못하는 형편으로 내몰리게 되었습니다. 또 4천만 마리 이상의 버팔로를 사냥하여 거의 멸종에 이르게 하였습니다. 살아남은 원주민들은 '인디언 보호구역'이라고 불리는, 실상은 사람이 살 수 없는 척박한 곳으로 분리시켰습니다. 또한 로키산맥 동쪽에는 원주민이 살지 못하게 하여 조지아주 애틀랜타 지역에 살던 체로키족을 오클라호마로 강제 이주시켰는데, 그 과정에서 70퍼센트 이상의 체로키족이 추위와 굶주림으로 사망하였습니다. 이 강제 이주 경로는 'Trail of Tears' 즉 '눈물의 길'이라 하여 아직도 그 흔적이 남아있습니다.

오늘날 미국은 이민자들로 구성된 다민족 국가입니다. 통계에 의하면 미국에는 약 170여 민족이 살고 있다고 합니다. 그러나 원주민들은 민족도 아니어서 이 다민족의 범주에서 제외되어 있습니다. 원주민들은 미국의 이념인 '만민의 평등과 자유'에서도 철저히 배제됩니다. 이 넓고 풍요로운 땅을 빼앗은 원죄를 의식한 것인지 미국인들은 원주민들을 철저하게 도태될 수밖에 없는 형편으로 내몰고 있습니다. 소수 민족 이민자를 위한 학교를 설립하고 영어에 익숙지 못한 소수 민족을 위한 무료 통역 서비스를 지원하지만, 그 혜택이 원주민에게는 전혀 주어지지 않습니다. 원주민들은 그들의 말이 아닌 영어로 교육을 받아야 하고 학교에서는 철저히 따돌림을 당합니다. 교육을 받아도 취업의 기회나 일자리가 한정되어 있기 때문에 제대로 교육받은 원주민일수록 그 좌절과 절망은 더욱 큽니다. 미국 청소년에 비해 원주민 청소년들의 자살률이 10배 이상인 것은 그들에게 꿈과 희망이 없음을 웅변합니다. 미국으로 먼저 이민 왔던 옛 직장동료가 지금은 은퇴하여 목사님과 함께 원주민 마을에 선교활동을 다니고 있습니다. 그분이 만난 대부분의 원주민들은 백인에 대해 사무친 적개심을 드러내지는 않지만 백인들과 어울리거나 말을 섞는 것을 근본적으로 싫어한다고 합니다. 원주민 아이들도 우리처럼 몽고반점이 있는데 이는 그 뿌리가 몽골인임을 증거합니다. 이러한 사실을 설명하고 우리 한민족과 같은 뿌리임을 얘기해주면 한국 사람에 대해서 무척 호의적이라고 합니다. 이러한 원주민들 이야기를 들으니 괜히 마음이 더 짠해집니다.

미국인들이 원주민들을 이렇게 철저하게 최악의 상황으로 몰아넣는 이유는 무엇일까요? 어쩌면 그들이 지식인으로 성장하여 이 광활한 대지에 대한 소유권 반환 소송이라도 제기한다면 큰 낭패를 당할까 두려워하는 것인지도 모르겠습니다. 아니면 그들의 원죄를 애써 외면하기 위하여 빨리 원주민들이 소멸되기를 바라고 있는지도 모르겠습니다. 인종차별이나 백인 우월주의라는 말이 있긴 하지만 그래도 백인이 아니면서 미국인의 사랑과 존경을 받는 인물도 많습니다. 오바마 대통령이나 마틴 루서 킹 목사처럼 말입니다. 그렇지만 오늘 미국인들의 존경을 받는 원주민은 아무도 없습니다. 아파치 불세출의 추장인 '제르니모'나 스콰미시족의 대추장 '세인트', 그리고 수우족의 '크레이지 호스' 같은 영웅이 원주민의 우상으로 그리고 일부 양식 있는 미국인들로부터 존경을 받던 때가 불과 150여 년 전이었습니다. 그렇게 생각해 보면 미국인들이 철저하게 원주민의 삶과 정신을 파괴한 결과가 오늘날 원주민의 참혹한 현실임을 부정할 수 없을 것입니다. 어린 시절 존 웨인의 장총이 불을 뿜고 바위 뒤에 숨어 있던 원주민이 그 총에 맞아 바위 밑으로 굴러떨어지는 서부영화를 보면서 박수 쳤던 게 얼마나 잘못된 것이었나 이제야 느낍니다. 존 웨인은 악당이고 처참하게 죽어가던 원주민들은 안타까운 영혼이었음을 우리는 분명히 인식해야 합니다.

이 땅은 나무와 새와 동식물이 함께 삶을 누리는 공동의 소유이기 때문에 땅을 팔 수 없다던 원주민의 정신. 미국인들이 그 정신을 받들어 함께 살기를 제안했더라면, 원주민들은 아무 조건 없이 동의했을 것이라는 믿음이 미국인들의 잔혹함을 더욱 두드러지게 합니다. 나는 기독교의 박애와 삶의 고귀함을 추구하는 정신을 부정하는 것은 전혀 아닙니다. 그렇지만 기독교를 믿음의 근간으로 하는 미국인에 의해 피폐한 삶을 살아가게 된 원주민들에게 기독교 선교를 하는 이율배반에는 당혹감을 감출 수 없습니다. 또한 원주민들에겐 자연에 순응하며 살아가는 그들의 삶의 방식이 바로 종교라고 믿습니다. 종교는 누구에게나 그들이 살아가는 삶의 방식이라는 것이 나의 종교관입니다.

사우스 다코타주의 러시모어 메모리얼 파크는 4명의 미국 대통령 얼굴이 조각된 소위 '큰바위 얼굴'로 유명한 곳입니다. 그러나 이 땅은 원래 원주민 수우족의 영토입니다. 미국인들은 처음엔 이 땅을 수우족의 영토로 인정해 주었다가 여기에서 금광이 발견되자 다시 강제로 빼앗아버립니다. 이에 항거하던 원주민 추장이 바로 '크레이지 호스'입니다. 그가 미국 기병대 260명을 몰살시킨 1876년 '리틀 빅혼 전투'는 기병대를 상대로 원주민이 승리한 가장 위대한 전투로 기록되어 있습니다. 패배한 기병대는 크레이지 호스를 제거하기 위해 수우족을 죽이고 핍박하는 만행을 벌입니다. 민족을 살려준다는 약속을 믿고 기병대에 투항한 크레이지 호스는 끝내 죽임을 당하고 맙니다. 후일 수우족의 추장이 큰바위 얼굴을 조각한 조각가의 조수로 일하던 폴란드계 조각가에게 이 땅에 그들의 영웅 크레이지 호스를 조각해 줄 것을 부탁하였습니다. 이 조각가는 러시모어산과 멀지 않은 곳에 긴 머리를 휘날리며 말을 타고 달리는 '성난 말'을 조각하기 시작합니다. 이 조각상은 완성되면 세계에서 가장 큰 돌조각상이 될 것이라고 하는데, 70년이 넘는 작업으로 이제 겨우 얼굴만 완성되었고 전체가 완성되기까지는 족히 100년은 더 걸릴 것이라고 합니다. 원래의 조각가가 죽고 난 후 그 부인이 뒤를 이어 작업하였고, 부인마저 죽은 후 지금은 그 자식들이 계승하여 작업을 진행하고 있다고 합니다. 이 조각이 완성되면 네 명의 미국 대통령들과 위대한 원주민 추장 크레이지 호스가 서로를 마주 보게 되는 역사의 증거가 될 것입니다.

짧은 지식으로 두서없이 적어 봤습니다. 나의 공부는 학문적이거나 체계적인 것이 아닌 개인적 관심사에 대한 탐구이기 때문에 오류나 편견이 있을 수 있습니다. 안타까운 원주민의 역사를 그래도 조금은 더 가까이에서 살펴볼 수 있는 기회를 가졌다는 것이 내 미국 생활의 큰 보람입니다.

내내 건강하십시오.
내내 행복하십시오.

(사족 1) 나는 이제 절대로 '인디언'이란 말은 쓰지 않고 '아메리칸 원주민'이란 호칭을 쓰기로 합니다. 원래 유럽인들은 인도에 향신료를 구하러 가기 위해 항해를 시작하였습니다. 이들이 신대륙을 발견하고는 당연히 인도인 줄 알고 그곳 사람들을 인

디언으로 불렀다고 합니다. 지극히 자기 편의에 의해 저질러진 잘못된 호칭입니다.

(사족 2) 미국인들의 원주민에 대한 폄하는 도가 지나칩니다. 이곳에서 여름이 끝나고 가을이 왔다 싶을 때인 9월 중순이나 10월, 모하비 사막의 뜨거운 열기가 바람을 타고 넘어오는 더위를 '인디언 서머(Indian Summer)'라고 부릅니다. 참 고약한 심사입니다. 또한 기다리면 자연스레 일어나는 현상을 이들은 '인디언 기우제'라고 합니다. 원주민들이 비가 올 때까지 제례를 올린다고 조롱하는 의미로 자연을 경외하는 그들의 신앙을 폄훼하는 처사입니다.

(사족 3) 수많은 원주민 부족 가운데 그나마 자치권을 인정받으며 미국 행정으로부터 자유로운 부족은 '나바호족'이 유일합니다. 2차 대전 당시 미국의 암호를 일본이 쉽게 해석해 내자 나바호족 청년을 암호병으로 징집하고 그들의 언어로 암호를 만들어 일본의 탐지에서 벗어납니다. 이때 나바호의 추장은 그 대가로 자치권과 영토 인정을 요구하였고, 미국은 이를 받아들입니다. 그 결과 애리조나와 뉴멕시코의 경계에 있는 '윈도락 시티'를 나바호의 수도로 정하고 이 일대의 모하비 사막을 나바호의 영토로 인정합니다. 나바호족은 영토와 자치권을 인정받아 원주민 중 가장 인구가 많은 부족이 되었습니다. 그러나 자급자족이 매우 어려운 불모지에서 미국 정부의 지원은 거의 받지 못하게 되면서 가장 가난한 원주민 부족으로 생활하고 있습니다.

25
사랑은 세월 따라 더욱 진해지고

　미국에서 대륙횡단 트럭을 운전한 지도 벌써 9년이 넘어 내년이면 10년이 됩니다. 이제 내년 말경이면 미국 생활을 정리하고 한국으로 돌아가야겠다는 생각을 굳히고 있습니다. 채 1년이 남지 않은 시간이다 보니 이제는 빨리 시간이 가서 돌아갈 수 있기를 손꼽아 기다립니다. 미국으로 이민 온 다른 친구들은 혹 미국이 더 좋다거나 이런저런 이유로 계속 미국에 머물겠다고 하는데 나는 영락없는 한국 촌놈이라서 미국에 눌러앉을 생각은 추호도 없습니다. 한국과 미국이 완전히 다른데도 나는 미국의 풍경에서도 속절없이 한국에서의 내 어린 시절을 떠올립니다.
　기계로 파종하고 자동화된 배수관으로 물을 공급하며 비행기로 비료나 살충제를 뿌리고 결국 다시 기계로 수확하는 미국의 드넓은 콩밭을 보면서도 나는 베적삼이 흠뻑 젖도록 칠갑산 언저리 한 뼘 콩밭을 매고 있는 젊은 아낙네를 떠올립니다. 광활한 미시시피 대평원에 더 넓게 퍼져 있는 자운영 꽃무리를 보면서도 나는 좁은 논둑에 묶인 채 목쉰 울음을 내뱉는 목메기를 생각합니다. 봄날의 고속도로변에 흐드러지게 핀 홍매화를 보면서도 섬진강변의 매화꽃을, 그 꽃가지 그늘에서 그늘로 이어지는 끝없이 작은 길을 되짚어 봅니다.

며칠 전 켄터키의 루이스 빌로 가는 길이었습니다. 아칸소주 콘웨이라는 마을에서 빠져 다시 75번길로 접어 들었는데, 이 길은 앞으로 57번 고속도로가 될 것이라 왕복 4차선의 중앙 분리 지역까지 갖추어진 완벽한 고속도로입니다. 미시시피 대평원을 북동쪽으로 거슬러 올라가는 길의 양옆으로는 벼가 한창 누렇게 익어가고 있었습니다. 쌀이 주식이 아닌 미국에서 주식이 쌀인 우리보다 훨씬 더 많은 양의 쌀을 수확합니다. 새크라멘토 부근의 캘리포니아가 주산지이고 그 다음이 아칸소주라고 합니다. 미국에서 트럭으로 별 군데를 다 가보았어도 한번도 만나지 못했던 벼농사 현장을 목격하니 내 어린 시절의 김해평야가 생각나서 눈물이 핑 돌 정도입니다. 미국의 벼농사는 모내기를 하는 방식이 아니고 그냥 싹을 틔운 볍씨를 논에다 뿌려 기계로 수확하는 방식이라고 합니다. 미국에서 처음 맞이하는 추수를 눈앞에 둔 누런 벼가 끝 간 데 없이 계속되는 풍경에서도 탈곡기 옆에서 내어온 새참 국수를 얻어먹던 내 어린 시절의 추억을 소환합니다. 이렇게 환경도 다르고 그 규모는 비교조차 할 수 없는 이 땅의 파노라마에서 나의 유년을, 그날들의 가슴 시리도록 아름답던 추억을 형상화하는 나는 찐 한국인임을 그 누구도 부인하지 못할 겁니다. 그래서 10년간의 대륙횡단 트러커의 생활은 내 조국이 더욱 소중함을 깨닫게 하고 이 나이에도 돌아가면 무엇을 해야 할까 고민하게 해주는 소중한 시간입니다.

40여 년 전 미국에서 공부할 때 방학이면 집사람과 함께 여기저기 여행하기를 즐겼습니다. 그 당시 고속도로를 달리는 대륙횡단 트럭을 볼 때면 나는 집사람에게 '내가 가방끈이 웬만하면 저 트러커가 딱 내 적성인데…'라고 말하곤 했었습니다. 아내는 비로소 내 꿈이 이루어졌다고 농담처럼 말하곤 합니다. 나는 분명히 알고 있습니다. 내가 만약 미국의 대륙횡단 트러커가 되지 않았다면 지금쯤은 술병으로 벌써 하늘로 올라가서 이곳의 많은 이웃들을 내려다보고 있거나 또 아니면 적어도 심신이 피폐해져 아무것도 못하며 죽을 날만 기다리는 신세로 있을 거라고 생각합니다. 한국에 그냥 살았다면 나는 절대로 술을 과하게 즐기는 일상을 변화시키지 못했을 것이라는 것을 내 스스로 잘 알고 있기 때문입니다. 그래도 대륙횡단 트러커의 일상이 아무나 할 수 없는 삶이기에 어떤 밤에는 이렇게 단상을 기록하여 친구들에게 보낼 수도 있고 또 친구들이 좋은 글이라고 격려로 응답하면 계속 써야겠다는 용기도 생깁니다. 이렇게 나름 보람 있고 행복한 10년을 보낼 수 있음은 내게는 가장 큰 행운이 아닐 수 없습니다.

나이 들어 집에서 삼식이 노릇하며 잔소리나 해대는 은퇴한 남편이 제일 밉상이라고, 그래서 황혼 이혼이나 졸혼이 유행처럼 번지고 있다고 말합니다. 그 점에서도 대륙횡단 트러커는 아내에게 사랑받을 수 있는 참 좋은 직업입니다. 내 경우 한번 일을 나오면 대략 일주일 내지 열흘쯤 지나 돌아와 다시 3일에서 일주일 정도 집에 있다 새로운 운행을 나가게 되는데 이것이 정말 좋은 부부관계를 유지하는 데 큰 도움이 됩니다. 떨어져 있으니 서로를 많이 생각하게 되고 그래서 서로가 보고 싶다고 느낄 때쯤이면 다시 집으로 돌아옵니다. 그리고 집에서 며칠 있어 서로에게 잔소리라도 뱉고 싶은 때쯤이면 다시 새로운 여정을 위하여 집을 나섭니다. 일부러 이렇게 스케줄을 짜고 싶어도 불가능한 부부 화합의 기가 막힌 일정입니다. 또한 운행하는 동안 생각할 시간이 너무나 많기 때문에 지난날에 대한 반성과 앞으로 살아갈 일에 대한 깊은 사고를 할 수 있다는 점이 정말 큰 행운입니다. 서로를 신뢰하면서 행복을 느끼며 살아가는 것이 대륙횡단 트러커에게 주어지는 축복이며 그래서 우리의 노년이 더 풍요로워집니다.

  어제는 아침에 집사람과 통화를 하는데 아내가 하소연을 합니다. 어젯밤에 잠이 잘 오지 않아서 모처럼 로마의 역사에 관한 책을 읽다 잠들었는데 아침에 일어나 보니 인물이나 사건 등 아무 것도 생각나지 않는다며 이게 치매의 전조가 아닌가 하는 것입니다. 나는 그것은 이 나이에 행복하게 살 수 있도록 몸과 마음이 최적화되어 가는 과정이니 축복할 일이지 전혀 걱정할 일이 아니라고 얘기해 줍니다. 이것은 괜히 아내에게 위로하려는 것이 아니라 운전하면서 생각하고 느끼는 나의 진심입니다. 초등학교 1학년인 내 손주 놈은 엄마 아빠에게 칭찬받기 위하여 그리고 앞으로 펼쳐질 세상의 경쟁에서 살아남기 위하여 많은 것을 기억해야 하겠지만 칠십을 넘긴 우리가 아직도 손주처럼 명석한 기억력을 유지하고 있다면 벌써 머리가 터져 버렸을 것입니다. 이 나이가 되면 치매 아닐까 걱정할 정도로 많은 것을 금세 잊어버리고 또 새로운 것을 접하면 좋아하다 또 금세 잊어버리고 하는 것이 노년의 정신 건강에 최선이라고 생각합니다.

아내는 집안 내력으로 일찍부터 머리가 백발이 되어서 나이보다 늙어 보인다고 십 년 너머 염색을 해왔습니다. 그런데 이제 나이도 칠십이 되었고 여러 부작용도 있어서 염색을 그만두고 한국 가면 부부가 흰머리를 휘날리면서 시골 장터에서 잔치국수도 사 먹고 국밥도 사 먹고 막걸리도 마시면서 살자고 합니다. 나는 대답해 줍니다. 나는 아직은 흰머리와 검은 머리가 반반씩이니 흰머리 휘날리기에는 시간이 더 필요한데 전부 흰머리가 되기 전에 대머리가 될 테니까, 둘이 함께 흰 머리카락 휘날리기는 어렵겠고 당신은 휘날리고 나는 반짝이며 살자고 농담합니다. 함께 반백 년 가까이를 살아보니 서로가 서로에게 참 많이 길들여져 있음을 사소한 농담 속에서도 느낍니다. 같은 곳을 바라보며 함께 걷는 집사람이 있어 참 좋습니다. 주름진 아내의 얼굴이 보고 싶습니다. 얼른 카톡 영상통화를 켜야겠습니다.

내내 건강하십시오.
내내 행복하십시오.

26
모하비 사막과 원주민

젊은 시절에 직장 동료로 지낸 한 분이 있습니다. 내가 유학을 올 무렵 이분도 미국에 와서 위스콘신주 밀워키에서 수학하였습니다. 졸업 후 나는 시카고 북쪽 미시간 호수변에 있는 회사에서 약 4개월간 연수를 하였는데, 그곳은 밀워키와 대략 30분 정도의 떨어진 거리라 주말이면 찾아가 신세를 많이 졌습니다. 그 후 나는 한국으로 돌아갔고 이분은 미국에서 생활하였습니다. 오랜 시간이 흐르고 우리는 미국에서 다시 만났습니다. 이분은 은퇴 후 LA에 거주하면서 RV 차량으로 주로 모하비 사막에서 캠핑을 즐기고 있습니다. 또 인디언 거주 지역을 찾아가 선교 활동도 하면서 생활하고 있습니다. 내가 지난번에 썼던 모하비 사막과 노년의 삶에 대한 글을 보내 드렸더니 다음과 같은 답신을 보내 주셨습니다.

(여느 숲과 달리)

사막의 생명은

혼돈이 아니라

절제이고

無로의 진행이 아니라

有의 내재성이며

통상을 넘어서는

극복이고

풍요는 될 수 없지만

청빈이기도 하며

외로움(Loneliness)보다

고독(Solitude)이며

종말이기 전에

창조를 안고 있고

절망 위를 올라 서서

소망을 표상하며

질곡이 아니라

초월

모략이 아니라

수용

편협이 아니라

화평

외침이 아니라

침묵

투쟁이 아니라

합일을

내포합니다

노년의 삶은

이 모든 경험들이

아울러 낸

Mojave의 신비입니다

 트럭을 몰고 그야말로 주마간산식으로 모하비를 관통하는 나의 경박한 감상에 비해 모하비의 속살을 여러 번 만지고 보듬으며 또 그 속에서 살아가는 원주민들의 삶을 직접 느껴본 이분의 글의 깊이가 훨씬 심오하고 높은 사색을 담고 있어 소개합니다. 다음 언젠가는 이분에게 들은 아메리칸 원주민의 생활과 그들의 고뇌를 내 짧은 식견을 보태어 소개해 드리는 기회를 가지려 합니다.

내내 건강하십시오.
내내 행복하십시오.

27

대자연이 준 선물

    스스로를 돌이켜 보면, 나는 참 고집이 세고 주장이 강하고 급한 성질에 기본적으로 목청이 큰 데다가 고함도 참 잘 지르고… 시쳇말로 못된 성정은 모두 갖춘 고약한 녀석입니다. 이렇게 모난 성격을 가졌음에도 교우관계가 그리 나쁘지 않고 또 친구를 좋아한다는 것이 내가 생각해 봐도 그저 신기할 따름입니다. 그런데 요즘은 내 성격이 많이 바뀌어 있음을 스스로 느낍니다. 아직도 지랄 같던 그 성질이 완전히 가신 것은 아니지만 요즘은 많이 참을 줄도 알고 상대방에 대한 진심 어린 배려도 있고 나하고 다른 의견도 이해할 수 있는 등, 자화자찬으로 얘기하지만 성격이 많이 좋아졌습니다. 그냥 시시한 우스갯소리 한마디 하겠습니다.

    트럭을 운전하며 다니다 보면 본의 아니게 다른 차들에게 민폐를 끼칠 때도 있고 또 반대로는 나의 잘못이 아님에도 상대방은 내 잘못으로 오해할 때도 있습니다. 이런 경우 미국의 운전자들은 경적을 심하게 울리거나 또는 창문을 열고 애들이 좋아하는 가운뎃손가락을 세워 나를 향해 흔들어댑니다. 이런 일을 처음 당했을 때는 그 잘잘못은 생각지도 않고 아무도 듣지 않는 트럭 안에서 온갖 쌍욕을 내뱉으며 고래고래 고함을 질렀습니다. 그런 뒤 생각해 보면, 참 이놈의 성질 아직도 그대로여서 큰일이다 싶었습니다. 그런데 요즘에는 그런 일을 당해도 화는커녕 그냥 마음이 평온합니다. '그래. 일흔이 넘으니 안 그래도 그냥 축 처져 있어 서글픈데, 누군지 알지도 못하는 당신이 나를 세우려고 그리도 열성으로 빌어주니 당신은 정말 복 받을 거야'라고 생각하며 웃어 줍니다. 마음의 동요는 전혀 없습니다. 이 평정심은 어떤 연유일까요?

우선 이 광활한 대지를 10년을 다니다 보니 나도 모르게 마음이 많이 넓어졌나 봅니다. 이 거대한 자연 앞에 나는 얼마나 작고 작은 존재인가를 가슴으로 절절히 느끼다 보면 작은 일에 사납게 반응하는 것이 얼마나 부질없는 일인가 체득하게 됩니다. 그리고 또 한 가지, 나이 듦이 나를 더욱 평온하게 하고 또 모든 세상사에 대하여 이해할 수 있다는 생각을 갖게 합니다. 아직은 왔던 곳으로 돌아갈 때는 아닌 것 같지만, 그래도 별로 긴 시간이 아닌 세월이 지나면 나도 떠날 수밖에 없다는 생각이 여유로움과 평온함을 줍니다. 살아있는 날까지 건강하게 그리고 있는 그대로의 상황을 받아들이면서 사는 것이 바로 행복이라는 마음가짐으로 하루하루를 지내다 보면 지금 이 순간, 이대로의 내 삶이 행복이라는 느낌이 평온한 일상을 지낼 수 있게 해줍니다. 내가 글을 마무리할 때면 꼭 되뇌는 건강과 행복은 사실 이음 동의의 다짐임을 알게 됩니다. 이렇게 하루하루의 삶이 편하니 그래서 건강도 유지되고 또 억지로 찾지 않아도 절로 행복이 충만함을 느낍니다. 나의 종교는 나의 평정심임을 이 나이에 트럭 속에서 깨닫습니다.

아들이 전화를 해서 이번 설 연휴에 연차를 더해 한 열흘간 엘에이에 다녀가겠다고 합니다. 이제 초등학교 2학년이 되는 큰손자와 둘이서만 오겠답니다. 핑계는 손주가 미국에서 여러 종류의 인종을 만나 보게 해서 앞으로 살아갈 국제적인 경쟁에서 주눅 들지 않게 하기 위해서라지만 나는 알고 있습니다. 연말쯤에는 우리가 한국으로 영구 귀국하겠다고 하니 우리가 어디서 어떻게 살 계획인지, 또 한국에 와서는 무엇을 하며 살 것인지를 알아보기 위함이겠지요. 비행깃값도 비싸고 경비가 많이 들 텐데 뭐하러 오냐고 입으로는 말하지만 온다는 것이 반갑고 기대됩니다.

돌아가신 내 선친께서는 생전에 이 세상에서 가장 맛있는 술은 나와 함께 마시는 술이라 하셨습니다. 나도 지금은 아들과 함께 하는 술이 이 세상에서 가장 맛있습니다. 그래서도 아들이 오는 것이 무척 기다려집니다. 그런데 이 매구 같은 집사람이 내 생각을 미리 간파하고는 열흘 동안 딱 두 번만, 그리고 한번에 소주 두 병까지, 절대로 밖에서는 안 되고 집에서만 마셔야 한다고 대못을 박습니다. 째려보는 눈빛이 아주 전투력이 충만하고 임전무퇴의 결기를 보이는 듯하여 나는 아무 말도 못하고 그러겠노라 약속하였습니다. 이제 기댈 곳은 단 한 군데, 아들의 전투력입니다. 나는 압니다. 집사람은 아들 앞에서는 속수무책 그냥 무장해제됩니다. 아들이 엄마를 초전박살하여 나와 의기투합할 것을 나는 믿어 의심치 않습니다. 그래서 나는 아들이 좋습니다. 덩치는 산만 한 40대 중년이지만 아직도 나를 아빠, 아빠 하고 부르는 아들이 사랑스럽고 귀엽습니다.

내내 건강하십시오.
내내 행복하십시오.

28
망각의 윤회가 삶의 역사이다

    이렇게 별이 초롱초롱 빛나는 밤에 한적한 중동부의 숲길을 달리다 보면 내 어린 시절의 기억과 함께 돌아가신 아버님과 어머님이 생각납니다. 어머님이 돌아가신 지는 20년이 훌쩍 넘었고 아버님이 돌아가신 지도 벌써 10년이 넘었습니다. 그래서 그런지 지금은 전보다 두 분을 추억하는 일이 점점 줄어들었습니다. 이러다 보면 두 분에 대한 그리움도 점점 희미해질 테고 언젠가 내가 죽고 난 후엔 그래도 두 분과의 기억이 있는 내 자식들은 정말 아주 가끔씩 두 분을 추억할 것이고 그리하여 또 자식들이 죽고 손주들의 시대가 되면 두 분은 그냥 잊힌 분들이 되겠지요. 그것이 세상의 이치 아니겠습니까? 잊힘이 오히려 축복일 수도 있겠다 생각되기도 하고 생전에 가능한 자신의 흔적은 모두 지워 버리고 싶다시던 아버님의 그 의미가 무엇이었을까를 알 수 있을 것 같습니다.

    만약 사후세계가 실제로 존재한다면 두 분은 지금 어디에서 무엇을 하고 계실까요? 두 분이 그곳에서 만나셨다면 서로를 알아보기는 하셨을까요? 두 분은 지금 그곳에서도 함께 살고 계실까요? 내가 죽어 사후세계로 간다면 나는 두 분을 만나 뵐 수 있을까요? 만난다면 나는 두 분을 그리고 두 분은 나를 서로 알아볼 수 있을까요? 그곳에서도 우리는 여전히 부모와 자식의 관계일까요? 만나면 또 어떤 내용의 무슨 대화를 할 수 있을까요?

이 모든 질문은 누구도 대답할 수 없으며 또 누구도 정답을 모릅니다. 그래서 사람들은 종교에 귀의하며 성경이나 불경에 더 몰입하며 해답을 얻으려 하는 것인지 모르겠습니다. 아무도 가보지 않은 길, 누구나 꼭 가야만 하는 길, 그리고 한번 가면 다시는 돌아올 수 없는 길이 죽음의 길이기 때문에 우리는 죽음에 대하여 막연한 두려움과 경외감을 느끼게 됩니다. 또 종교에 의지하여 풀리지 않는, 경험해 보지 못한, 그러나 반드시 맞닥뜨려야만 하는 죽음의 난제를 풀어보려 합니다. 살아있는 모든 생명체는 언젠가는 반드시 죽는다는 현상이 종교의 존재 이유라고 나는 생각합니다. 죽음이 이 세상을 좀 더 보람되게, 착하게 살아야 한다는 자각을 일깨워 주고 그래서 이 세상을 정화하는 큰 매개체가 된다고 생각합니다.

나는 특별한 종교에 대한 믿음을 갖지는 못하고 있습니다. 종교의 진심이 좋다면 그것만을 믿으면 좋을 텐데, 그 이면에 보이는 온갖 세속과 모순이 몰입을 방해합니다. 그래서 나는 나의 일상이 그냥 자연스럽고 선한 것이라면 그것이 바로 나의 종교라고 믿습니다. 마음 자체가 맑고 깨끗하며 매사에 선한 생각과 행동으로 대한다면 그것이 나의 종교 생활이라고 믿고 삽니다. 몇 년 전에 암수술을 받았을 때 '자 이제 편하게 주무십시오'라는 말을 들었나 싶더니 갑자기 칠흑 같은 암흑이 찾아왔습니다. 그리고 다시 마취에서 깨어났을 때 그 암흑의 시간에 대하여는 어떤 기억도 없었습니다. 죽음이란 그 암흑의 시간이 영원히 계속되는 것, 그래서 아무것도 기억되지 않는 것일 거라고 믿습니다. 그 이후의 세상이 어떨지는 지금 여기 이렇게 살고 있는 내가 고민할 거리는 전혀 아니라고 생각합니다.

내가 네이티브 아메리칸의 신앙을 존중하는 이유는 그들이 자연을 경배하고 자연에 순응하며 살아가는 자세를 매우 소중하게 생각하기 때문입니다. 그들은 가까이에 있는 돌이나 나무와 같은 자연물에 정령이 깃들어 있다고 믿으며, 그 정령을 숭배하고 동화되는 믿음을 갖습니다. 또한 물소리, 바람소리, 새소리 등 자연의 소리를 주문으로 익혀 그 주문이 그들을 보호해 준다고 믿습니다. 이것이 소위 오늘날 종교학자들이 말하는 토테미즘이고 샤머니즘입니다. 서양인의 사고에 바탕을 두고 보면 지극히 원시적이고 미개하다고 폄하하지만 자연과 인간이 공존하고 이 세상 모든 사물에는 나름의 정신세계가 있다는 믿음은 오늘의 서양인들이 간과하는 삶의 진리요 우리가 어떻게 살아가야 하는지를 제시해 주는 위대한 정신세계라고 생각합니다. 삶과 죽음은 인간은 물론 모두가 받아들여야 하는 우주의 명제임을 그들은 진작부터 터득하였습니다. 그래서 서양인이 이 땅에 들어오기 전까지, 네이티브 아메리칸들은 부나 명예를 탐하지 않고 살아가는 그들만의 방식으로 행복하였다고 생각합니다.

모두가 죽는다는 사실은 알면서도 실감하지 못하던 진실입니다. 그런데 나이가 들어감에 따라 젊은 시절을 함께 했던 친구들의 안타까운 소식을 더욱 빈번하게 듣다 보니 내게도 죽음이 퍽 가까이 오고 있음을 느낍니다. 그래도 이렇게 평상심을 잃지 않고 지낼 수 있는 것은 지나온 삶에 대한 회한들은 가능한 잊어버리고 그냥 오늘을 무심히 지나는 것처럼 죽음도 무심히 맞으면 된다는 생각을 더욱 굳건히 다잡기 때문이 아닐까 생각합니다. 나의 지나간 시간에 대한 아쉬움은 그냥 그대로 받아들이고 지금 이 순간 하루하루가 보람과 행복으로 충만할 수 있기를 기도하며 살아갑니다. 나는 참 행복하다는 주문을 외다 보면 실제로 나는 참 행복해집니다. 매일같이 마주하는 대자연이 나의 소망을 올곧은 방향으로 이끌어 줍니다.

내내 건강하십시오.
내내 행복하십시오.

29

별 (2)

　미국에서 살면서, 특히 대륙횡단 트럭 운전수로 살면서 별을 쳐다보는 일이 무척 잦아진 것 같습니다. 사실 어린 시절 시골에서 살았을 때를 제외하곤 밤하늘을 올려다보는 일이 그리 많지 않았는데, 미국에서는 어디서든 밤이 되면 하늘을 올려다보는 습관이 생겼습니다. 그만큼 미국의 광야는 깨끗하고 그래서 밤하늘엔 별이 유난히 많습니다. 모하비 사막을 지나다 보면 사방을 보아도 모두 지평선뿐인 광활한 지역이 많습니다. 이런 곳은 이 대지를 덮고 있는 하늘 또한 무척 크고 넓은데 그 큰 하늘을 온통 채운 별은 또 얼마만큼인지 감히 헤아릴 수조차 없습니다. 동부의 한적한 소나무 숲길을 달리다 보면 별은 또 고속도로의 폭만큼 한 강물이 되어 반짝이며 흐릅니다. 별의 강물은 얼마나 찬란하고 아름다운지, 운전하는 차창 속으로 쏟아지는 별의 강물은 내 가슴속에 보석이 되어 반짝입니다.
　별은 어디에서 쳐다보아도 항상 정겨움과 다정다감함을 줍니다. 어두운 사막의 산 능선 너머로 반짝이는 별이든 솔숲 너머 무리로 반짝이는 별이든 별은 항상 내게 위안을 주고 용기를 주며 늘 나를 사랑한다고 속삭입니다. 그리고 세상의 모든 것을 사랑으로 품을 수 있는 따뜻한 사람이 되라고 이야기해 줍니다. 별은 천국의 사자이며 지상의 모든 사물들이 건강한 웃음과 평안을 누리기를 기원해 줍니다. 또한 별은 누구와 함께 보아도 늘 깨끗하고 영롱한 웃음을 줍니다. 집사람과 함께 맨해튼 비치의 벤치에 앉아 태평양 밤바다 너머로 올려다보는 별은 이제 칠십을 넘긴 나이로 평안을 누리는 우리에게 그동안 숱한 고난을 견디면서도 참 잘 살아왔다고 위로해 줍니다. 요세미티 공원의 캠핑장에서 친구 부부와 함께 야영을 하며 올려다본 그 수많은 별들은 오늘 이 순간 친구의 소중함을 두고두고 잘 가꾸어 나가라고 격려해 줍니다. 아들과 손주, 이렇게 3대가 노천탕에 몸을 담그고 야자수 잎새 너머로 올려다보는 별들은 오늘 나의 이 행복과 평안이 내 인생의 노작임을 칭찬합니다. 8살짜리 손주 녀석을 보면서 즐거움 속에서 또 다른 늙음에 대한 쓸쓸함을 느낄 때 별은 그런 생각은 전혀 할 필요가 없다고, 나의 늙음은 저 푸르고 영근 씨알을 가꾸기 위한 아름다운 노정이었다고 위로해 줍니다. 모처럼 옛 직장 선배였던, 그리고 지금은 미국에서 은퇴하여 노후 생활을 즐기는 선배 부부와 마운트 윌슨의 캠핑장에서 바비큐를 즐기고 내려오는 길에서 올려다보는 별은 산 아래 시가지의 불빛은 비교조차 할 수 없는 아름다운 손짓으로 우리의 노후가 지금처럼 평안하고 행복하기를 기도해 줍니다. 하루의 고된 운전을 끝내고 잠들기 전 신선한 공기를 마시며 기지개라도 하려는 순간, 별은 또 그 초롱초롱한 눈망울로 오늘 하루 수고했다고 격려합니다. 별은 절대로 누군가를 시샘하거나 힐책하지 않습니다. 별은 저희들끼리도 나는 큰 별인데 너는 왜 그리 작으냐고 비웃거나 으스대지 않습니다. 별은 모두를 존중하고 별은 모두에게 밝고 선한 마음을 갖게 하며 별은 우리가 관계를 맺어 온 이웃들과 다정하게 그리고 행복하게 살 수 있도록 축복을 주고 안정을 줍니다. 별은 절대 선이며 누구에게도 웃음과 행복을 선물하는 따뜻한 친구입니다.

　별이 이렇게나 소중하고 귀한 존재임을 나는 미국의 광야에서 해맑게 반짝이는 별을 보며 알았습니다. 별은 모하비의 풀꽃과도 참 잘 어울리며, 무리 지어 피어 있는 목화꽃, 해바라기꽃과도 산기슭에 피어 있는 홍매화와도 항상 상큼한 웃음을 주고받습니다. 별은 작은 꽃에게도 큰 꽃에게도 그 나름의 아름다움을 칭찬해 주며, 올려다보는 모든 것들에게 축복을 주고 환희를 줍니다. 나는 왜 별이 이렇게 다정다감한 표정으로 늘 우리 곁에 있었다는 것을 이제서야 깨닫게 된 것일까요? 그 치열했던 젊은 시절에는 왜 별과의 아름다운 인연을 외면하며 살았을까요?

　지금 나는 미국의 광야와 넓은 대지를 감싸 안은 별의 속삭임을 느끼며 이국의 낯선 밤을 맞이합니다. 미국에서도 자연 파괴의 흔적들을 곳곳에서 찾을 수 있지만 그래도 워낙 넓은 땅이라서 그런지 자연이 어느 정도는 보존되어 있습니다. 또 밤이면 어디서든 별과 대화할 수 있는데, 이것은 분명 미국인들의 축복입니다. 연말에 한국으로 돌아가면 또 얼마나 자주 별과 함께 아름다운 대화를 할 수 있을지 잘 모르겠습니다. 먼지나 오염에 가려져 별의 존재를 잊게 될지도 모르겠습니다. 어린 시절 별을 바라보던 그 동심을 이 나이에 다시금 느낄 수 있게 해준 미국의 산야가 그리울 것이라 생각하며, 나는 다시금 별이 빛나는 밤하늘을 올려다봅니다.

내내 건강하십시오.
내내 행복하십시오.

30

캘리포니아의 봄꽃

　3월이 되니 모하비 사막에도 미시시피 대평원에도 그리고 애팔래치아산맥의 숲길에도 봄기운이 완연합니다. 열흘 전만 해도 캐나다 쪽에서 몰아친 한랭 기온이 엘에이에도 수십 년 만에 눈보라를 날리게 하고 샌프란시스코로 가는 5번 고속도로는 폭설로 차단되었습니다. 그런데 오늘 20번 고속도로 루이지애나의 날씨는 섭씨 30도를 웃돌아 에어컨을 켜야만 운전이 가능했습니다. 지난 10년 동안 매년 맞이하는 봄이지만 금년 봄은 내겐 무척이나 의미가 있습니다. 올 8월 말이면 운전을 접고 한국으로 돌아가겠다고 마음 굳힌 내게 이 봄날은 트럭을 운전하여 미 대륙을 횡단하며 맞이하는 마지막 봄날이기 때문입니다.

　지난주 집에서 쉬는 여유를 틈타 프레즈노의 과수원 꽃길에 다녀오려던 계획이 짓궂은 날씨 탓에 물거품이 되고 말았습니다. 작년에는 시기를 너무 늦게 가는 바람에 기대했던 화려한 꽃의 향연을 보지 못했는데, 금년에는 때아닌 눈보라로 고속도로가 통제되면서 또 그 뜻을 이루지 못했습니다. 연말에는 귀국하겠다는 계획을 세우고 있는 터라 그 유명한 과수원 꽃길은 영영 보지 못하게 될 것 같습니다. 프레즈노는 요세미티 국립공원 입구 쪽에 위치한 캘리포니아 과일의 주산지로 봄이 되면 체리, 복숭아, 아몬드, 오렌지, 피스타치오, 피컨, 프럼 등의 과일꽃들이 동시에 피어납니다. 지천으로 흐드러진 형형색색의 꽃과 바람에 흩날리는 분분한 낙화를 자랑하는 세계적인 과수 꽃의 명승지입니다. 또한 과수원 꽃을 보기 위해 달리는 고속도로 길섶에 피어 있는 이름 모를 야생화 또한 그 못지않게 아름답습니다. 10년을 살면서도 그저 트럭을 운전하며 한 곁으로 보았을 뿐 제대로 된 꽃구경 한번을 못했으니 나와 꽃의 인연은 여기까지인가 봅니다.

캘리포니아는 야생화 군락지가 많은 것으로도 유명합니다. 특히 엘에이에서 두 시간쯤 북동쪽에 위치한 카리조 대평원은 봄이 되면 지천에 핀 야생화로 그 명성이 높습니다. 이곳에 피는 야생화는 퍼피, 루핀, 나비나리, 골드필즈, 크림컵 등 실로 다양하다고 합니다. 작년 4월 초에는 전해 겨울 가뭄으로 꽃이 피지를 않은 탓에 광활한 카리조 평원만 보고 돌아왔습니다. 다행히 금년에는 겨울에서 초봄에 이르기까지 비가 많이 왔으니까 예쁜 야생화의 향연을 즐길 수 있을 것입니다. 금년은 애네들이 말하는 소위 '수퍼 블룸'(Super Bloom)의 해입니다. 내가 이렇게 뜬금없이 꽃에 관한 이야기를 실로 장황하게 풀어내는 연유는 미국 생활 마지막 해에 갖는 센티멘털리즘임을 널리 해량하여 주십시오.

   지난 10년 동안 트럭을 운전하며 동서를 횡단한 거리가 대략 150만 마일, 그러니까 240만 킬로미터 정도 되는 것 같습니다. 서울-부산 왕복을 약 8백 킬로미터로 계산했을 때, 그럭저럭 3천 번 정도를 왕복한 셈입니다. 특히 10번, 20번, 40번 고속도로는 같은 길을 족히 수백 번은 지나간 것 같습니다. 이렇게 여러 번을 왕복하면서도 늘 새롭고 신선한 느낌을 가질 수 있었던 것은 같은 길이라도 계절과 시간, 날씨에 따라 그리고 운전 당시 내 사고와 심리 상태에 따라 경치는 늘 새롭게 다가왔기 때문입니다. 하루에 10시간 이상씩 늘 같은 길을 달린다는 것이 예삿일은 아니라고 얘기들 하지만 나는 한결같은 새로움으로 그 길을 달렸습니다. 엘에이를 벗어나면 늘 모하비 사막의 황량한 풍경을 마주하게 됩니다. 그 다음은 끝없는 초원과 관목숲을 지납니다. 이윽고 중부를 벗어나면 본격적으로 키 큰 나무의 숲을 만납니다. 늘 한결같은 일상이지만 한편 늘 새로움으로 마주할 수 있는 것은 이 광활한 대륙을 바라보는 나의 시선이 언제나 호기심과 경이로움으로 가득 차 있었기 때문일 것입니다.

   광활한 동서 횡단의 길은 그렇게 여전한데 나는 10년을 한결같이 늘 새로움과 설렘으로 이 길을 달릴 수 있었던 것 같습니다. 그리움을 간직한 여정은 늘 새롭고 또 다른 행복을 줍니다. 자연은 늘 그대로일 뿐이라는 메마른 생각이었다면 금방 싫증나고 지루할 뿐일 텐데 내 마음자리가 어디로 향하는지에 따라 언제나 새로운 자연을 마주할 수 있다는 것이 내겐 큰 선물이고 즐거움입니다. 아직도 그리움과 설렘으로 대할 수 있는 대자연이 은혜롭고 나는 이 은혜로움으로 10년을 행복하게 지낼 수 있었음에 감사합니다.

70대 중반이 되어버린 나이지만, 그리고 이제는 당당하게 죽음을 맞이할 수 있어야 한다고 이야기하고 또 스스로 그렇게 다짐합니다. 하지만 나는 아직도 내가 그렇게 늙었다고는 생각하지 않습니다. 길에서 만나는 사람들은 스스럼없이 나를 할아버지라 부르고, 나 또한 이 호칭에 익숙해 있지만 그래도 아직은 늙은이 취급을 당하고 살기가 싫습니다. 함께 운전하는 드라이버들마저 그 연세에 대단하다고들 얘기합니다. 그렇지만 난 아직도 야간 운전에 큰 어려움이 없고 긴 시간 운전하는 데에도 전혀 무리가 없습니다.

인생이란 게 그저 태어나서 자라고, 공부하고 취직하고, 결혼하고 아이 낳고 기르다 늙고, 은퇴하고, 겨우 한숨 돌리려다 보면 죽음이 코앞이고 별 재미없고 무미건조하고, 특히 늙고 나니 모든 걸 체념하게 되고… 도리없이 그런 것이지만 절대로 그렇게 단순하게 살아가는 것은 아닌 것 같습니다. 희망을 가지면 기대하게 되고 그 기대를 이루기 위해 노력하게 되고, 그래서 작은 소망이라도 이룰 수 있다면 그만큼 가치 있는 삶이겠지요. 나는 이 광활한 대자연을 마주하고 달린 지난 10년 동안 세상은 참 경이로운 것이며, 그 속에 사는 나의 삶은 보잘것없는 것이 아닌 그 경이로움의 지극히 작은 한 부분임을 느끼게 되었습니다. 그 느낌은 내 삶에 귀중한 가치를 주었습니다. 노인이기 때문에 그 자리에 주저앉아 버리는 것이 아닌, 노인이라도 무언가를 하기 위해 애써야 한다는 깨우침을 준 것입니다.

집사람도 또 아이들도 이제 제발 그만 쉬라고 권유합니다. 또 이렇게 오래 미국에서 지내다 보니 손주 녀석들을 볼 수 있는 기회가 거의 없다는 것이 안타까워 연말에는 한국으로 돌아가고 싶다고 생각했습니다. 한국으로 돌아가 손주들의 성장을 지켜보는 즐거움이 대자연을 마주하며 느끼는 행복에 결코 뒤지지 않을 것이란 기대가 귀국을 더욱 확실하게 재촉합니다. 단순히 귀여운 존재가 아닌, 그 작은 몸속에 웅대한 우주를 품고 있다는 것을 느끼며 대자연의 질서에 순응하는, 그러면서도 총중에 우뚝 서는 존재로 커주기를 바라는 염원으로 손주들을 바라보는 것도 참 의미 있는 노년일 것입니다. 아무나 쉽게 경험하지 못하는 상황을 이렇게 오래 즐길 수 있었음에 감사하고 또 남은 인생이 내 조국에서 새로운 행복으로 가득한 삶이 될 것임을 확신하며 나는 금년 가을을 기다립니다.

내내 건강하십시오.
내내 행복하십시오.

31

나이 듦에 대한 단상

　젊은 시절에는 여러 가지 생각도 많고 하고 싶은 일, 되고 싶은 소망도 많았지만 70대 중반의 노인이 되고 보니 못 이룬 것에 대한 아쉬움도 줄어들고 지난날에 대한 회한도 후회도 부질없어집니다. 세상살이가 그냥 무덤덤해졌습니다. 그렇다고 그냥 하루하루를 의미 없이 보내는 것은 아닌데 별로 하고 싶은 것도 없고 딱히 의욕 충만하여 열정으로 추진하는 목표도 없습니다. 그래도 억지로라도 무언가 보람된 일을 찾아서 실행해야 한다는 생각은 늘 하고 삽니다.

　나이 듦이란 것이 많은 복잡한 것들을 떨쳐내고 모든 것을 단순화하는 과정이 아닐까 생각합니다. 우선 많은 꿈은 필요하지 않습니다. 그저 지금 가지고 있는 소박한 한두 개의 꿈을 이룰 수 있으면 만족해야 할 것 같습니다. 설령 그 꿈을 이루지 못한다 할지라도 후회하거나 아쉬워할 필요도 없습니다. 지금 이 나이의 꿈이란 이루어지면 좋고 못 이룬다 해도 여생에 별 지장 없는 그런 꿈이어야 하기 때문입니다. 친구도 그렇습니다. 젊은 시절부터 지금까지 좋은 친구들과 잘 지나온 것에 만족해야지 새삼 새로운 친구를 사귄다는 건 언감생심입니다. 그래서 어쩌다 접하는 친구의 부음은 그렇게도 슬프고 허망합니다. 이 나이에 새롭게 좋은 친구를 만난다는 건 여름 지난 해운대 백사장에서 동전 줍기 하는 것 같을 테니까요.

사랑은 또 어떻습니까? 한때는 오드리 헵번도 잉그리드 버그만도 정윤희도 장미희도 사랑하고, 돈도 사랑하고, 성공, 이상, 가족… 참 사랑해야 할 대상이 너무도 많았습니다. 하지만 지금은 곁에서 그저 나처럼 함께 늙어가는 마누라 사랑하는 것에 인생 전부를 걸어야 합니다. 마누라 없이 혼자 사는 늙은 나를 생각하면 너무도 처연하여 오래도록 함께 지내자고 열심히 사랑하며 살아야 합니다.

그래도 함께 늙어가다 보니 이런 기특한 생각도 하게 됩니다. 어차피 한날한시에 같이 죽지는 못할 테니 평생 함께한 사랑을 먼저 떠나 보내고 여생을 살아야 하는 사람이 참으로 외롭고 쓸쓸할 것을 생각하면, 집사람을 먼저 보내고 내가 따라가야 한다는 생각을 많이 하게 됩니다. 네 살이나 나이가 더 많은 내가 집사람보다 더 오래 살고 싶다는 욕심은 결코 아닙니다. 혼자 남은 고독과 고통은 나의 몫이어야 하는 것이 아내에 대한 마지막 사랑이고 배려라고 생각하기 때문입니다. 내 부모님의 경우 어머님이 돌아가신 후 선친께서 12년을 혼자 지내셨는데, 그 처절한 고독과 쓸쓸함이 어떠한지 내가 곁에서 지켜봐서 너무나도 잘 압니다. 그래서 나는 집사람을 먼저 보내고 딱 일 년만 살다 따라갔으면 싶은데, 이게 어디 내 바람대로 되는 것은 아니지 않습니까. 누가 먼저 가게 될지도 모르고 또 남은 이는 얼마나 오래 힘들어야 하는지도 모릅니다. 그래서 나는 집사람보다 더 열심히 운동하고 더 건강해야 합니다. 이것이 내게 남은 꿈이고 집사람에 대한 배려이며 사랑입니다.

요즘은 한국에 돌아가면 무엇을 하며 지낼까 궁리하느라 참 생각이 많습니다. 계획대로 시골 노인들에게 행복교실을 행한다 해도 일주일에 한두 시간, 집사람 손잡고 오일장 투어하며 국밥도 먹고 빈대떡에 막걸리도 한 잔 마시고 해도 그것도 그리 긴 시간이 필요한 건 아닌 것 같습니다. 주구장천 긴 시간을 어떻게 소일하느냐에도 계획이 필요할 것 같은데 적당한 할 일이 딱히 떠오르지가 않아 난감합니다. 친구들을 만나고 그들이 사는 법을 배우면 좀 나아질 거라고 생각하며 그때까지 무계획으로 지나는 것도 괜찮겠다고 자위합니다. 사노라면, 나이 듦이라는 것이 태어났을 때만큼 누군가의 도움이 더 필요한 것 같은데 세상은 홀로서기를 계속하게 요구하는 것 같습니다. 그래서 더 서럽고 외로운 것이 늘어 가는 것이겠지요.

오늘도 앨라배마의 레스트 에어리어에 트럭을 세우고 한 30분

가량을 소싯적 학교에서 하던 국민체조 비슷한 맨손체조를 하였습니다. 건강하게 살기 위한 몸부림인 듯하여 쓴웃음이 나지만 어쩌겠습니까? 하는 것이 안 하는 것보다 정신 건강에도 좋고 또 종일을 운전하여 굳어 있는 몸풀기에도 좋으니까요. 이제 대륙 횡단 트러커의 생활도 채 3개월이 남지 않은 듯합니다.

  내내 건강하십시오.
  내내 행복하십시오.

32

가혹한 액땜

젊은 날, 군대에서 근무하던 시절에도 제대 말년이 되면 어떻게든 별 사고 없이 무사히 군 복무를 마치기 위해 조심 또 조심하고 지냈습니다. 더욱이 이리도 큰 트럭을 운전하며 미국의 방방곡곡을 다니는 일을 두 달 뒤면 끝내야 하니 정말 별 탈 없이 마무리하기 위해 노심초사하며 지냅니다. 그런데 요 한 달 사이에 상상도 하기 싫은 웃픈 사건이 두 번씩이나 겹치다 보니 말년의 액땜 치고는 너무 가혹한 것 같습니다.

한 달쯤 전에 미시간주 디트로이트로 가는 짐을 싣고 가던 중이었습니다. 아침 일찍 딜리버리를 해야 되어 새벽에 일어났는데 바로 참으로 가당찮은 사건이 벌어졌습니다. 새벽 어둠 속에서 화장실도 갈 겸 세수도 할 겸 트럭에서 내려 가스 스테이션 건물을 향해 걸어가다가 돌부리를 잘못 차는 바람에 그대로 앞으로 고꾸라지고 만 것입니다. 포장도 되어 있지 않은 자갈밭에서 넘어지다 보니 의치를 연결해 뒀던 위쪽 앞이빨 네 개가 떨어져 나가고, 두 손으로 얼굴을 감싸고 보니 온 얼굴이 피투성이가 되어 버렸습니다. 한 손에는 커피를 마시겠다고 텀블러를 들고 또 한 손엔 세면도구를 들고 걸어가다 그리 되었는데 그러다 보니 손등이고 손바닥에 전부 피가 나고, 무릎도 발등도 아파서 어찌할 바를 모를 지경이 되어 버렸습니다. 어린 시절에도 겪어 보지 못한 인생 최대의 사고를 당하여 참으로 고통스러워 일어서기조차 버거운데 한편 누가 볼 새라 창피하기도 해서 억지로 일어나 화장실로 갑니다. 가게 데스크에 앉아 있던 아가씨가 내 몰골을 보고는 눈이 휘둥그레집니다. 그래도 억지로 화장실로 가서 거울을 보니 얼굴은 온통 피투성이고 전신은 쑤시고 아프고 참 꼴좋은 상황입니다. 얼굴은 씻어도 씻어도 피가 멈추지 않는데 딜리버리 시간은 정해져 있으니 할 수 없이 휴지로 얼굴을 가리고 트럭으로 돌아와 출발합니다. 앞니가 다 빠져 버렸으니 틀니도 끼울 수 없고 그래서 식사도 제대로 할 수 없습니다. 집으로 돌아가려면 일주일은 더 있어야 하는데 대략 난감입니다.

 햇반을 푹 삶아서 먹어가며 억지로 엘에이로 돌아와서 친구가 하는 치과로 가니 불행 중 다행으로 의치는 빠졌어도 이를 지탱해 주던 양쪽 기둥은 그대로 살아있어 다시 접착하여 고정시켰습니다. 얼굴이며 온몸에 난 상처는 대충 연고 바르면 세월이 해결해 줄 문제라 고통을 참고 지내는데 아직도 코밑 인중의 상처는 보랏빛이 더욱 선명한 멍으로 남아있습니다. 손등이나 무릎 등

심각한 타박상의 후유증은 아직도 고통을 주지만 기다리면 낫겠지 생각하며 별 걱정 없이 지내고 있습니다. 나이가 들면 걸음도 느려지고 보폭도 줄고 걸을 때 발 높이도 예전처럼 높지 않다고 하니 앞으로는 더욱 조심할 수밖에 다른 도리가 없습니다. 생전 처음 당하는 대형 사고 앞에서 다시 한번 나의 늙음을 확인하는, 그래서 앞으로는 아직은 괜찮다는 치기는 부리지 않는 것이 좋겠다는 큰 교훈을 얻었습니다. 한국에 돌아가면 그동안 못했던 등산을 많이 해야겠다고 생각했었는데, 이 나이에 설악산이나 지리산 같은 험한 산은 언감생심이란 생각이 듭니다. 나이에 맞게 주제에 맞게 살아야 한다는 교훈을 주는 사고였습니다.

그로부터 2주일 후 또 한번 더 황당한 사건이 일어났습니다. 뉴멕시코의 검문소에서 들어오라기에 차량 등록증이랑 운전면허증, 보험증서 등을 제시하고 기다리는데, 컴퓨터를 검색하던 경찰이 갑자기 내게 돌아서라 명령하더니 수갑을 채우는 것입니다. 도대체 무슨 일이냐 물으니 6년 전에 내가 속도위반에 적발되었는데, 벌금도 내지 않고 재판에 출두도 하지 않아 지명수배가 내려져 있다는 것입니다. 미국에서는 속도위반 딱지를 떼고 기간 내에 법원에 전화하여 내 과오를 인정하면 벌금과 벌점을 받고 굳이 재판에는 출석하지 않아도 되는 제도가 있습니다. 나는 그대로 행하였으니 무언가 잘못되었다고 항변했으나, 그건 자기는 모르는 일이고 법원에 전화해서 알아봐야 한답니다. 그날은 마침 토요일이었고 심지어 월요일은 바이든 대통령이 새로 제정한 노예 해방 기념 휴무일. 화요일에 법원과 해결하라며 그동안은 구치소에 수감되어야 하고 이를 피하기 위해서는 481불의 보석금을 내라는 것이었습니다. 그만한 현금을 가지고 다니는 사람이 어디에 있겠습니까? ATM까지만 동행해 주면 인출하여 내겠다고 하였으나 경찰은 그렇게 해줄 수 없다면서 바로 구치소로 연행해갔습니다. 할 수 없이 가보니 오렌지색 죄수복을 입히고 그야말로 감옥 독방에 갇히는 신세가 되고 말았습니다. 뉴멕시코 사막 한가운데에 있는 작은 마을의 구치소라니… 완전히 미드에나 나오는 중국 갱이 되어 버린 겁니다. 2주 전 일어났던 사고로 온 얼굴에 피멍 자국이 선명하게 남아있었으니 남들 보기에는 상당한 흉악범처럼 보였을 것입니다. 이튿날 아침 소위 말하는 간수에게 제발 내가 ATM에서 보석금을 찾아서 낼 수 있게 해 달라 간청하니, 늙은이가 불쌍해 보였던지 얼마 후 수갑을 다시 채우고는 나를 은행으로 데려다 주었습니다. 그렇게 하룻밤 만에 오렌지색 죄수복 신세는 면하게 되었습니다.

 화요일 아침이 되어서야 법원에 전화하여 사정을 설명하니, 또 다음날 판사와 통화할 수 있도록 약속을 잡아 주었습니다. 이튿날이 되어서야 드디어 통화하게 된 판사는 정황상 내 말이 맞지만, 그래도 확인하여 한 날 이내에 통보해 주겠다는 대답입니다. 열흘쯤 뒤에 법원의 우편물이 와서 뜯어보니 내 말이 모두 사실이고 자기들의 컴퓨터 기재 실수였다고 합니다. 그러면서도 보석금 중 그 오류를 확인하는 데 든 비용 81불을 제한 체크와 함께, 이제 아무 문제가 없다는 통보를 보내왔습니다.

참 납득할 수 없는 것은 전적으로 자신들의 실수인데도 그걸 확인하는 비용까지 내게 청구한다는 것과 하룻밤을 구치소에서 고생한 보상은 어디에서도 받을 수 없다는 것입니다. 며칠 뒤 오랫동안 미국에서 생활한 지인의 말을 들어보니 미국에서는 어떤 사건의 결과가 착오 없이 관계 기관의 컴퓨터에 정확하게 기재되었는지를 확인하는 책임도 개인에게 있으며, 담당자의 기재 실수는 그 책임을 물을 수 없다고 합니다. 덕분에 미국 죄수복도 입어보고 구치소에서 하룻밤 지내보고 또 미국 구치소의 아침 식사도 한 끼 먹어봤다고 애써 위안해 보지만 굳이 경험할 필요조차 없는 일을 당했다는 씁쓸함은 지울 수가 없습니다.

인생에서 결코 겪을 필요도 없고 겪어서도 안 되는 사건사고를 경험하였습니다. 각별히 조심하여 다시는 이런 일을 당해서는 안 된다는 다짐을 하는 것 외에는 어떤 액션도 취할 수 없는 황당한 경우였습니다. 이 나이에 내가 이런 일들을 당하는 것이 도대체 무슨 연유인지 갈피를 잡을 수 없는 시간을 좀 보내고 보니, 나이 들면 언제 무슨 일을 당할지 모르니 매사 각별히 조심해야 된다는 말이 떠오릅니다.

내내 건강하십시오.
내내 행복하십시오.

33

결혼의 필요충분조건

'부부싸움은 칼로 물 베기'라는 옛말이 있지요. 아무리 베어봤자 물은 절대로 갈라지지 않기에 생긴 말일 겁니다. 하지만 요즘 같이 이혼이 흔한 시대에도 이 말이 맞는 걸까요? 차라리 부부싸움은 칼로 무 자르기가 되어 버린 요즘 세상이 아닌가 싶습니다.

뜬금없이 부부싸움 이야기를 하는 연유는 이렇습니다. 젊은 시절엔 나도 어지간히 집사람과 많이 다투었는데, 그 원인은 주로 나의 너무 잦은 음주 때문이었습니다. 그때 나는 잘못해도 고함지르고 민망해도 고함지르고 그렇게 우격다짐이었습니다. 그래서 집사람을 울렸다가 몇 시간 지나면 내가 잘못했다고 빌고 그렇게 싸움은 봉합되곤 했습니다. 그저 '칼로 물 베기'란 말이 딱 맞는 그런 부부관계였습니다. 이제 그럭저럭 40년을 넘게 함께해서 우리는 정이 참 많이 도타워진 사이가 되었고 칠십을 넘긴 나이가 되다 보니 건강을 생각해서 술도 많이 줄였습니다. 모든 상황이 부부싸움을 할 때는 다 지나간 것 같은데 요즘도 맨날 티

격태격입니다. 요즘은 특별히 시비거리가 없는데도 사소한 말실수나 꼬투리를 잡아서 누가 먼저라고 할 것도 없이 말싸움이 시작됩니다. 최희준이의 노래 가사처럼 이제 호랑이가 되어 버린 집사람은 절대로 울지도 않고 으르렁대니 결국은 내가 지고 맙니다. 그래도 우린 여전히 칼로 물 베기, 채 한 시간도 지나지 않아 언제 그랬냐는 듯 무덤덤한 본래의 자리로 돌아갑니다. 다람쥐 쳇바퀴 돌듯 무료한 일상에 말다툼은 그냥 시간 때우기 양념 같은 것입니다. 우리는 그야말로 일상의 평범함을 깨뜨리는 활력으로 간혹 부부싸움이 아닌 부부시비를 갖는데, 요즘은 젊은이도 늙은이도 툭하면 이혼이니 졸혼이니 하니 나는 또 이런 시대에 뒤떨어진 사람이 아닌가 생각하게도 됩니다. 그러다 시대에 뒤떨어져도 좋으니 절대로 이혼이나 졸혼은 안 하고 살겠다고 다짐합니다. 참으로 우여곡절 많은 사십수 년을 보내고 보니 나와 집사람 사이에는 동지애 내지는 전우애가 도탑게 형성되었습니다.

　요즘은 세계적으로 한국의 위상이 높아졌고 또 한국 문화에 열광하는 사람들도 많다 보니 국제결혼이 이전보다 크게 늘어났음을 느끼게 됩니다. 이런 현상을 굳이 부정적으로 볼일은 아니겠지만 전혀 다른 문화권에서 전혀 다른 풍속으로 살아온 두 사람이 젊은 열정으로 결혼을 하다 보니 그들이 결국은 이혼하게 되는 것은 아닌지 심히 염려스럽습니다. 미국에서 10년을 살다 보니 결국은 서로가 동화될 수 없는 문화적 괴리감을 느끼는 부분이 한두 가지가 아닌데 그런 문화적 차이를 극복하며 평생을 함께 산다는 것이 결코 녹록하지는 않을 것입니다. 미국에서 이민자들의 얘기를 듣다 보면 같은 한국 사람이라도 이민 1세대는 1세대 끼리, 1.5세대는 1.5세대 끼리, 그리고 이민 2세대는 2세대 끼리 만나야 부부갈등이 적다고들 합니다. 하물며 전혀 다른 민족끼리의 국제결혼이 평생을 함께 할 수 있는 온전한 화학적 결합을 이루어 낼 수 있을까요? 젊은 날의 혈기왕성함으로 결혼까지 이루어지겠지만 평생을 살면서 생기는 문화적 간극은 어떻게 극복하고 화합해 나갈지… 국제결혼 부부의 이혼 소식이 자주 들려오는 것도 결국은 서로의 문화적 차이를 극복하지 못한 연유가 아닐까 싶습니다. '칼로 물 베기'란 동질의 물에서 가능한 것일 뿐이라는 생각을 하다 보면 요즈음의 국제결혼 추세가 그리 달갑지만은 않습니다.

  살다 보면 아무리 노력해도 안 되는 일이 있다는 것을 알게 됩니다. 꽤나 가까운 지인이 이혼을 하고 몇 년이 지난 후 재혼도 마땅찮아 혼자 살면서 많이 외로워하는 것 같았습니다. 솔직하게 이혼을 후회하느냐 물어보니 그 당시에는 부인이 너무너무 싫고 이혼하지 않으면 꼭 죽을 것만 같아서 이혼했는데, 지금 와서 돌이켜 보면 좀 더 참고 살면서 관계를 좋게 할 수도 있었을 텐데 하는 후회도 된다고 대답합니다. 평생의 인연을 결정하는 순간에도 이 상대가 없으면 죽을 수도 있다는 치열한 확신이 필요한 것이 아닐는지요. 그리고 그러한 확신이 그저 사랑만이 아닌 두 사람 간의 삶의 공감대에서 연유한 것이어야 되지 않을까요? 절대로 사랑만이 결혼의 필요충분조건이 아니라고 믿고 있는 나는 결혼 후 화학적 융합이 가능한지를 생각하는 신중함이 결혼의 전제조건이라고 믿습니다.

  이 글을 쓰다 보니 알 수 없는 미소가 입가에 번집니다. 맞선 본 지 40여 일 만에 결혼한 내가 이 여자 없으면 죽을 만큼의 확신을 가지고 결혼한 것일까요? 그 시절 우리는 일단 결혼하면 서로를 보듬어 주는 노력으로 살아야 한다는 생각을 했으며 그렇게 긴 세월 부부관계를 지속하다 보니 이제는 곁에만 있어도 믿음직스러운 관계로 발전한 것이 아닐까요?

  내내 건강하십시오.
  내내 행복하십시오.

34

나의 아름다운 벗들에게

오늘 이 글이 대륙횡단 트러커로서 쓰는 나의 마지막 글이 될 것 같습니다. 사막은 사막대로 숲은 숲대로 그리고 거대한 사암 절벽은 그 또한 그대로, 지난 10년간 마주한 대자연은 나에게 언제나 평정심을 잃지 말라는 교훈을 주었습니다. 꽃은 꽃대로 별은 별대로 무심히 쏟아붓던 비는 비대로, 바람은 바람대로 폭풍우는 폭풍우대로, 세상은 그야말로 변화무쌍하지만 나는 언제나 반석처럼 굳건한 자세로 살아가야 된다는 가르침을 주었습니다. 산다는 것이 별것도 아니지만 또 그리 시시하거나 우스운 것은 아니라는 것, 나무 한 포기 풀 한 자락도 그 자리에 그렇게 있는 데에는 나름의 이유가 있다는 것, 이 광활한 시공에 있는 모든 것은 그대로의 이유와 소명을 지닌다는 것. 그것을 자각한 나의 일상은 이제 총중의 하나이면서 또 나만의 살아가는 방법을 알아야 한다는 것을 배웠습니다. 있는 그대로의 모든 것을 인정하고 받아들일 때 평안과 사랑과 존중이 내 마음에 뙈리 틀고 있음을 느끼게 됩니다.

지난 10년간 나는 늙어간 것이 아니라 부쩍 커지고 깊어지고 범사에 감사할 줄 아는 지혜를 배웠습니다. 젊은 날에도 감히 이루지 못한 성취를 인생의 황혼에서 이룰 수 있었고 그래서 나는 지금 생의 끝자락이 아닌 한복판에 서 있다는 것을 자각할 수 있었습니다. 살아있음을 느끼고 그래서 계획도 있고 실천도 있는 인생을 살고 있음에 감사하고 그래서 또 나는 행복합니다. 대자연은 내게 다시 열정을 갖게 해주었습니다. 그래서 나는 한국으로 돌아가서도 이 광대무변의 자연과 그 속에 살아있는 모든 것들이 더욱 그리울 것입니다.

세상의 잣대로 볼 때 내 삶은 성공과 실패가 반복되는 부침의 삶이었습니다. 파란만장은 아닐지라도 누구보다 우여곡절은 많았다 할 수 있겠지요. 그러나 10년간 이 광활한 땅을 간단없이 누비다 보니 성공도 실패도 그저 부질없는 것일 뿐, 내 마음가짐이 가장 중요한 행복의 기준임을 깨닫게 되었습니다. 토네이도가 지나가면 반드시 바람 한 점 없는 평온이 오고 광활한 지평선과 하늘 저만치엔 쌍무지개가 뜹니다. 세찬 비바람 뒤엔 대지가 더욱 굳어지고, 쓰러진 고목 곁에는 언젠가 새로운 거목으로 자라날 새싹이 싱그럽습니다. 이 대지 위에 무심한 듯 자리 잡은 온갖 살아있는 존재를 확인하다 보면 학생 때 누구나 한번쯤 읊조

렸을 푸시킨의 시가 참 좋은 시였다는 것을 알게 됩니다. 삶이란 늘 반복되는 일상이지만 그 속에서 평안을 누리고 흔들리지 않는 평정심을 지킬 때 행복은 무심한 듯 옆에서 조용히 나를 쳐다보고 있었습니다. 10년간의 대륙횡단 트러커 생활은 평범한 일상이 참 소중한 것임을 깨우쳐 주었습니다. 그래서 살아있는 것이든 자연 그대로이든 스쳐 지나간 모든 것이 소중하고 귀한 존재임을 깨닫게 되었습니다. 이제 내게 남은 소박한 삶이 나의 행복임을 느낍니다. 얼마나 긴 시간일지 모를 앞으로의 내 삶이 매우 따뜻할 것이란 기대로 한국으로 돌아가는 발걸음이 더욱 가볍습니다.

이제 한국에서의 새로운 삶이 더욱 활기차기를 기대하며 대륙횡단 트러커의 이야기를 마무리합니다.

우리 모두 건강합시다.
우리 모두 행복합시다.